江苏省教育厅社科项目—指导性计划项目：校地文化融合背景下理工科高校以文化人闭环模式构建研究，批准号：2023-13441

# 跨界与协同：地方文化传承理论与实践

郭琪 著

东华大学出版社

·上海·

**图书在版编目（CIP）数据**

跨界与协同 : 地方文化传承理论与实践 / 郭琪著 .
上海 : 东华大学出版社 , 2024. 12. -- ISBN 978-7
-5669-2463-6

Ⅰ . G127

中国国家版本馆 CIP 数据核字第 20247BX270 号

责任编辑：范　榕
封面设计：曾国铭
装帧设计：上海碧悦制版有限公司

# 跨界与协同：
KUAJIE YU XIETONG

## 地方文化传承理论与实践
DIFANG WENHUA CHUANCHENG LILUN YU SHIJIAN

著：郭　琪
出　　版：东华大学出版社（上海市延安西路 1882 号　邮政编码：200051）
本社网址：dhupress.dhu.edu.cn/
天猫旗舰店：http://dhdx.tmall.com
营销中心：021-62193056　62373056　62379558
印　　刷：上海盛通时代印刷有限公司
开　　本：787mm×1092mm　1/16
印　　张：15.5
字　　数：348 千字
版　　次：2024 年 12 月第 1 版
印　　次：2024 年 12 月第 1 次印刷
书　　号：ISBN 978-7-5669-2463-6
定　　价：68.00 元

# 跨界与协同：
# 谱写高校图书馆与地方文化传承的新篇章

　　在人类文明的漫长进程中，知识犹如繁星点点，汇聚成一片浩瀚无垠的海洋。而图书馆，就像是这片海洋中的一座座宝岛，承载着无数的智慧结晶，是当之无愧的知识宝库。它不仅仅是知识的储存地，更是文化传承与创新的核心阵地，在每一个时代的浪潮中，都发挥着不可替代的作用，推动着知识的传播与创新，见证着文化的演进与发展。

　　随着现代社会的飞速发展与科技的日新月异，我们所处的时代环境发生了翻天覆地的变化。高校图书馆作为图书馆体系的重要组成部分，其角色与功能也在这种时代变革的大背景下不断地拓展与深化。曾经，高校图书馆的主要任务是服务校内的师生，也是校园学术研究和文化交流的重要场所。然而，如今的高校图书馆已不再局限于校园的一方天地之内，它犹如一颗种子，突破了校园的围墙，逐渐扎根于地方社会这片广阔的土壤之中，开始成为推动地方文化传承与发展不可或缺的力量。

　　在这样的时代背景下，《跨界与协同：地方文化传承理论与实践》这本书应运而生。它的出现在探索高校图书馆与地方文化传承关系的道路上点亮了一盏明灯，为我们提供了一个前所未有的全新视角，引导我们去深入地审视和细致地探讨高校图书馆在地方文化传承中所扮演的独特角色以及可以践行的有效实践路径。

　　本书的核心精髓在于"跨界协同"这一具有开创性的理念。在传统的认知中，图书馆的服务往往有着相对固定的边界，主要围绕着自身的馆藏资源和既定的服务对象展开。然而，本书所倡导的"跨界协同"理念彻底打破了这种传统图书馆服务的固有边界。它强调高校图书馆应当以一种积极主动的姿态，与地方政府、各类文化机构、充满活力的社区以及蓬勃发展的企业等多方力量进行全方位、深层次的合作。这种合作不是简单的表面联合，而是要共同深入到地方文化的各个层面，从文化的挖掘、保护，到传承与创新，每一个环节都需要各方力量携手共进。

　　这种跨界协同所带来的效果是多维度的。首先在资源方面，不同主体所拥有的资源能够实现共享与互补。高校图书馆有着丰富的文献信息知识资源、专业的人才队伍以及先进的信息管理技术，而地方政府掌握着政策支持和地方发展规划的导向权，文化机构拥有丰富的文化艺术资源和专业的文化解读能力，社区则蕴含着浓郁的地方文化氛围和丰富的民间文化素材，企业具备强大的资金和市场运营能力。当这些资源汇聚在一起时，就如同涓涓细流汇聚成江河湖海，能够产生巨大的能量。

其次，这种协同不仅体现在资源的整合上，更深入到理念、方法、技术等多个关键的层面。在理念上，高校图书馆的严谨学术理念与地方文化机构的亲民文化传播理念相互融合，形成一种既注重学术深度又兼顾实践和大众普及的全新文化传承理念。在方法上，各方可以相互借鉴，例如，高校图书馆的文献整理方法可以为地方文化遗产的保护提供科学依据，而地方文化机构的民俗文化传承方法又能为高校图书馆的地方文化推广活动增添活力。在技术层面，随着现代科技的迅猛发展，高校图书馆所擅长的数字化、信息化技术与地方文化机构的传统技艺保护技术相结合，能够创造出更高效、更具创新性的地方文化传承模式。

从理论层面深入剖析，本书对高校图书馆在地方文化传承中的角色定位、功能作用以及面临的挑战与机遇进行了全面而细致的研究。这并非是对现有理论的简单梳理与常规总结，而是站在时代发展的前沿，高瞻远瞩地对未来发展趋势进行预测与展望。在这个过程中，作者通过严谨的学术研究和深入的实地调研，详细阐述了高校图书馆在地方文化传承中多元且独特的角色。它既是地方文化资源的守护者，保护着那些珍贵的地方文献、文化遗产等；又是地方文化知识的传播者，通过各种方式将地方文化的魅力展现给师生和大众；还是地方文化创新的推动者，借助高校的学术资源和创新氛围，为地方文化注入新的活力。

同时，本书也直面高校图书馆在这一过程中所面临的诸多挑战，如资源整合过程中的协调困难、与不同主体合作时的理念差异等，以及所面临的前所未有的机遇，如数字化时代带来的技术红利、社会对地方文化日益增长的关注度等。通过这些深入透彻的理论探讨，我们能够更加清晰、全面地认识到高校图书馆在地方文化传承中的独特价值与伟大使命，它就像一座桥梁，连接着高校的知识高地与地方的文化土壤。

在实践层面，本书精心挑选并展示了一系列生动鲜活的案例，这些案例犹如一面面镜子，清晰地映照出高校图书馆在地方文化传承中的具体做法与取得的显著成效。这些案例涵盖了地方文化传承的多个重要方面，每一个方面都充满了丰富的内涵和深远的意义。

在地方文献的搜集与整理方面，高校图书馆发挥着主导作用。他们组织专业的团队深入到地方的各个角落，探寻那些散落在民间的珍贵文献资料。这些资料可能是古老家族传承下来的族谱，记录着家族的兴衰和地方的历史变迁；也可能是民间艺人珍藏的手抄本，蕴含着独特的地方艺术和文化习俗。高校图书馆的工作人员像寻宝者一样，将这些珍贵的文献搜集起来，然后运用专业的文献管理技术对其进行细致的整理、分类、编目，使这些原本零散的文献成为系统的地方文化资源宝库。

对于非物质文化遗产的数字化保护，高校图书馆展现出了强大的技术优势。非物质文化遗产是地方文化的瑰宝，如传统的民间手工艺、古老的戏曲艺术、独特的民俗活动等，它们往往依赖于人的传承，面临着失传的风险。高校图书馆利用先进的数字化技术，如三维建模、虚拟现实、高清影像录制等，将这些非物质文化遗产以数字化形式永久保存下来。这不仅使得这些珍贵的文化遗产能够得到妥善的保护，而且通过网络平台的传播，让更多的人能够领略到它们的魅力，为非物质文化遗产的传承与创新开辟了新的途径。

在地方特色数据库的构建上，高校图书馆整合各方资源，构建起具有地方特色的数据库。这个数据库就像是一个地方文化的数字博物馆，里面包含了地方的历史地理、人文风俗、名人传记、传统技艺等各个方面的信息。它为地方文化的研究、传承和推广提供了一个便捷的平台，无论是学者进行学术研究，还是普通民众了解地方文化，都可以通过这个数据库获取丰富的信息。

在文化活动的组织与策划方面，高校图书馆与地方政府、文化机构、社区等密切合作，开展了形式多样、丰富多彩的文化活动。例如开展地方历史文化知识竞赛，向师生普及相关知识；举办地方文化展览，将地方的历史文物、民俗工艺品等展示出来，让观众直观地感受地方文化的魅力；组织地方文化讲座，邀请专家学者和民间艺人分享地方文化的知识和故事；开展民俗文化体验活动，让民众亲身参与到传统的民俗活动中，如剪纸、刺绣、制作传统美食等。这些文化活动不仅丰富了民众的文化生活，也提高了民众对地方文化的认同感和保护意识。

通过这些精彩纷呈的案例，我们不仅能够看到高校图书馆在地方文化传承中的积极探索和主动作为，更能够从中汲取到宝贵的经验与深刻的启示。这些经验和启示就像是一把把钥匙，为其他高校图书馆以及相关的地方文化传承主体提供了可借鉴的方法和思路。

值得指出的是，本书在深入探讨跨界协同的过程中，着重强调了技术与创新的重要性。我们正处在一个数字化、网络化、智能化技术迅猛发展并日益普及的时代，这些现代科技手段就像一阵春风，给各行各业带来了新的生机与活力。高校图书馆更要紧紧抓住这个时代机遇，充分利用这些现代科技手段，提升自身的服务效率与服务质量。例如，利用大数据分析技术了解读者的需求偏好，从而提供更加精准的文化服务；借助智能检索系统提高文献查找的效率；运用云计算技术实现资源的高效存储与共享等。

同时，高校图书馆也要不断创新服务模式与方法，以满足读者日益多样化的需求与期待。随着社会的发展，读者对于文化服务的需求不再局限于传统的借阅书籍，他们渴望更加个性化、互动性强的文化体验。高校图书馆可以通过以下方式开展线上文化互动活动，如线上读书分享会、文化创意作品征集等；建立虚拟现实地方文化体验室，让读者身临其境地感受地方文化的魅力；推出个性化的地方文化推荐服务，根据读者的兴趣爱好为其定制专属的文化阅读清单等来满足读者日益增长的文化需求。

总之，《跨界与协同：地方文化传承理论与实践》这本书，带着全新的理念钥匙，为我们打开了一扇全面而深入了解高校图书馆在地方文化传承中作用与价值的大门，透过这扇大门，我们看到了高校图书馆在地方文化传承中的无限潜力和巨大贡献。同时，它又像是一座灯塔，为我们指明了未来文化传承工作努力的方向与路径。我深信，随着时代的发展，将会有越来越多的高校图书馆积极投身到跨界协同的伟大事业中来，把图书馆文化服务工作推向新的高度。

徐州市委宣传部原副部长
市社科联原主席、二级巡视员
现任徐州市政府参事

# 目　录 / CONTENTS

# 第一章

## 绪 论

# 一、研究背景

在当今这个全球化浪潮澎湃、信息化飞速发展的时代，世界被一张无形的网络紧密地连接在一起。不同地区的文化相互碰撞、交流与融合，文化的多样性与传承性由此成为了社会发展进程中备受瞩目的重要议题。全球化让世界变小了，人们可以轻易获取来自世界各地的信息；而信息化则像飓风，彻底改变了人们的生活方式、学习模式以及文化传承的传统路径。

党的十八大以来，在以习近平同志为核心的党中央领导下，各级党委和政府更加自觉、更加主动推动中华优秀传统文化的传承与发展，开展了一系列富有创新、富有成效的工作，有力增强了中华优秀传统文化的凝聚力、影响力、创造力，为各行各业开展文化传承打下了坚实的基础。2014年，教育部印发《完善中华优秀传统文化教育指导纲要》，要求"加强对青少年学生的中华优秀传统文化教育"并"以弘扬爱国主义精神为核心，以家国情怀教育、社会关爱教育和人格修养教育为重点，着力完善青少年学生的道德品质，培育理想人格，提升政治素养。"

2016年《普通高等学校图书馆规程》总则指出，"高等学校图书馆是学校的文献信息资源中心，是为人才培养和科学研究服务的学术性机构，是学校信息化建设的重要组成部分，是校园文化和社会文化建设的重要基地。图书馆的主要职能是教育职能和信息服务职能。图书馆应充分发挥在学校人才培养、科学研究、社会服务和文化传承创新中的作用。"高校图书馆，是知识与智慧的神圣殿堂，其文献信息知识保障中心，一直以来都在承担着学术研究与文化传承、文化育人的重大责任。它就像一座巨大的知识宝库，储存着无数先辈们智慧的结晶，无论是古老的学术典籍，还是现代的前沿研究成果，都在馆藏之中。

然而，在这样一个急剧变革的社会大环境下，文化需求日益呈现出多元化的态势。各行各业的人们不再满足于单一的、传统的文化供给，而是渴望着更多元、更丰富、更具特色的文化滋养。2017年中共中央办公厅和国务院办公厅联合印发《关于实施中华优秀传统文化传承发展工程的意见》，提出要"坚持创造性转化、创新性发展""充分发挥图书馆、文化馆、博物馆、群艺馆、美术馆等公共文化机构在传承发展中华优秀传统文化中的作用""挖掘和保护乡土文化资源""让子孙后代记得住乡愁"，并提出把传统文化教育"贯穿国民教育始终"等一系列要求，同时，"形成党委统一领导、党政群协同推进、有关部门各负其责、全社会共同参与的中华优秀传统文化传承发展工作新格局。"

在这种情况下，高校图书馆仅仅作为学术研究和教育的辅助组织机构已经远远不够了，必须积极适应时代的发展，重新了解、定义和把握师生读者的需求，主动寻找新的角色定位，尤其是结合五育并举、实践教育、产教融合等教育目标变化，重新审视地方历史文化传承，发挥自身优势，传承利用好地方历史文化资源，实现文献资源教育价值的更大增值。然而，这并不是一件容易的事情，需要高校图书馆转变服务理念，创新服务模式，有效地融入地方发展，实现与地方文化相关各方的文化跨界协同与跨界文化协同，这无疑是一个极具研究价值且需要积极行动、深入探讨的课题。《跨界与协同：地方文化传承理论与实践》这本书，旨在通过理论与实践的双重深入探索，为这一复杂且意义深远的议题提供崭新的视角与切实可行的解决方案。

## 二、研究目的

本书的研究目的是通过跨界协同这一独特的视角，为高校图书馆在地方文化传承中的角色定位、功能拓展与路径选择提供坚实的理论依据和切实可行的实践指导。

通过本书研究，不仅可以丰富图书馆学与文化传承相关的理论研究，形成新观点、新思路、新方法，为相关领域的研究提供理论支撑和参考依据。还能够为高校图书馆相关工作提供可借鉴的经验和做法，帮助高校图书馆提升文化服务能力与效果，更加自信地履行在地方文化传承中的责任。也能使广大师生深入了解地方历史文化的内涵和价值，增强对本土文化的认同感和归属感，并提升公众对地方历史文化的认识和兴趣，增强民族自豪感和文化自信心，促进社会的和谐稳定和发展进步。同时，为地方文化的传承与创新注入新活力，提供新动力，为构建一个多元、包容、可持续发展的文化生态贡献微薄力量。

## 三、研究意义

科技的进步滚滚向前，每一次新的突破都会撼动着社会的各个角落，促进社会整体层面不断转型升级。在当今时代，信息化、数字化、智能化、智慧化日益改变着世界的一切，地方文化的保护与传承也经历着前所未有的严峻挑战。

一方面，传统的生活方式逐渐被现代生活方式所代替。那些古老而精湛的技艺，曾经的地方文化璀璨明珠，如今却面临着后继无人的尴尬境地。年轻一代在全球化和信息化浪潮冲击下，视野更加开阔的同时，信息知识越来越碎片化，来自世界各地的流行文化，包括各类网络亚文化，冲击着他们对本土文化的认知和认同。一棵大树，倘若根基不牢，很容易在风雨中飘摇不定；年轻一代作为本土文化传承赓续的根基，一旦对地方文化认同感动摇、弱化，地方文化的传承就会面临巨大的危机。另一方面，全球化是一把双刃剑，在带来丰富多样的文化交流的同时，也引发了文化同质化的趋势。世界各地的城市，从建筑风格到流行文化，从消费习惯到娱乐方式，开始变得越来越相似。地方文化的独特魅力，面临着被全球化的滚滚洪流淹没的巨大风险。

在这样的大背景下，高校图书馆作为连接学术研究与社会实践的关键桥梁，其角色与功能迫切需要重新审视和定位，不再仅仅作为一个封闭的学术资源储存库，而应当通过建立跨界协同理念，积极与外界开展互动、交流与合作，加强文化的"走出去"和"请进来"，以形成强有力的磁场效应，利用自身资源，吸引各方资源，让文化资源活起来，用起来，火起来。同时，发挥智慧功能，有效地促进地方文化传承、创新与增值，为地方社会的发展源源不断注入新鲜活力，并实现自身的社会价值，提高自身的社会地位。

## 四、跨界与协同

所谓跨界，是不同领域、不同行业之间相互合作与融合，达成资源共享、优势互补，最终实现共同发展的愿景。在高校图书馆与地方文化传承这一特定语境下，跨界协同有着更为深刻的含义。这意味着高校图书馆必须打破传统界限，不再局限于自己的行业领域，要主动与地方政府、文化机构、社区、企业等多方主体建立合作互动关系：借助政府的政策支持和行政资源，为地方文化传承提供坚实的政策保障；与文化机构携手，整合相关文化资源，挖掘出更多的地方文化瑰宝；与社区合作，深入基层，了解民众真正的文化需求，让地方文化传承更接地气；与企业合作，则可以利用企业的资金、市场推广能力等优势，将地方文化推向更广阔的市场；而与个人合作，哪怕是一个普通的地方文化爱好者，也可能会带来意想不到的创意和想法。大家共同参与到地方文化的挖掘、保护、传播与创新这个伟大的工程中来。这种协同不仅是资源层面的简单整合与共享，更是一种理念、方法与技术上的深度融合，从而促进彼此创新发展，适应时代变化和要求。

协同是一个源自古希腊语的概念，涵盖了协和、同步、和谐、协调、协作、合作等多种含义。它的基本定义是指协调两个或两个以上的不同资源或个体，协同一致地完成某一任务的过程或能力。这个过程强调了不同元素之间的协调与合作，目的是实现共同的目标。协同并非一个新生事物，而是随着人类社会的出现和发展而逐渐形成的。它不仅是人与人之间协作的体现，也扩展到了不同应用系统之间、不同数据资源之间、不同终端设备之间、不同应用情景之间、人与机器之间以及科技与传统之间的全方位协同。协同在各个领域都扮演着至关重要的角色。在自然界和社会中，协同现象普遍存在，没有协同，人类无法生存，生产无法发展，社会也无法前进。在一个系统内，如果各种子系统（要素）不能很好地协同工作，系统可能会陷入无序状态，无法发挥整体功能。相反，如果系统中各子系统（要素）能够良好配合、协同工作，它们的力量可以汇聚成一个强大的总力量，形成超越原有功能总和的新功能。在现代社会，随着技术的发展，协同的概念有了更深的含义。它不仅涉及人与人之间的协作，还包括了技术层面的协同，如不同软件系统之间的协同工作。这种全方位的协同使得资源和能力能够更加高效地整合和利用，从而推动事物共同前进，使个体获益，整体加强，共同发展。

## 五、理论与实践的双向探索

本书从理论与实践这两个重要维度出发，对高校图书馆在地方文化传承中的跨界协同路径进行了全面而系统的探讨。在理论部分，结合前辈的文献分析、案例分析和研究成果，构建出跨界与协同的理论框架与评价体系，为后续的研究和实践提供了坚实的理论基础。在实践部分，作者选取了若干具有代表性的典型案例，从不同的角度反映出不同高校图书馆在不同地域、不同文化背景下的具体实践情况，并进行深入剖析，从中总结出成功的宝贵经验，为高校图书馆在地方文化传承中的跨界协同实践提供了参考。

## 六、结语

《跨界与协同：地方文化传承理论与实践》这本书，是对当前时代背景下高校图书馆与地方文化传承关系的一次深刻反思与富有远见卓识的前瞻探索。它就像投入平静湖面的一颗石子，会泛起层层涟漪。我们深信，本书的出版，能够激发更多学者与实践者的思考与积极行动，共同关注和推动高校图书馆与地方文化的跨界协同研究，使高校图书馆更好地发挥知识源泉和文化传承的天然优势，为中华文化的传承发展贡献自己的一份力量，助力中华文化在世界文化舞台上闪耀出独特而璀璨的光芒！

# 第二章

# 地方文化传承的理论基础

# 第一节　什么是文化

## 一、什么是文化

文化是一个涵盖广泛且又复杂的概念，通常指的是人类在社会历史发展过程中所创造的物质财富和精神财富的总和，是人类社会特有的现象。它不仅是人类与动物区别的重要标志，也是人类社会发展的重要动力。文化具有多样性和复杂性，不同地域、民族和时代都有自己独特的文化特征和表现形式。文化是我们理解人类社会和历史的重要视角，也是我们认识自己和他人的重要途径。同时，文化也具有动态性，随着历史的发展和社会变迁而不断演变和发展。文化包括物质文化、非物质文化、社会结构等几个方面。具体如表2-1所示：

表2-1　文化的内涵要素及具体释义

| 文化内涵要素 | 具体释义 |
| --- | --- |
| 物质文化 | 指的是人类创造的实物和物品，如建筑、雕塑、绘画、工艺品、工具、服饰等。这些物质形态的文化遗产是人类智慧和创造力的结晶，也是历史和文化传承的重要载体 |
| 非物质文化 | 包括语言、信仰、风俗习惯、社会制度、价值观念、思维方式、审美情趣等。非物质文化更多地体现在人类的精神生活和社会行为中，是文化深层次的体现 |
| 社会结构 | 文化也涉及社会组织、家庭结构、政治制度等社会结构，反映了人类社会的组织和管理方式，是文化的重要组成部分 |
| 符号与象征 | 文化中的符号和象征，如标志、图案、颜色、音乐、舞蹈等，都是人类用来表达和传递文化信息的重要手段 |
| 价值观与信仰 | 文化中的价值观和信仰体系，包括道德观念、宗教信仰、哲学思想等，是指导人类行为和社会互动的重要准则 |
| 生活方式 | 文化还涉及人类的生活方式，包括饮食、居住、交通、娱乐等方面，反映了人类在不同环境和历史条件下的生存方式和文化传统 |

## 二、文化对国家的重要作用

文化就像一个无处不在、无所不能的精灵，能够渗透到社会的各个角落，影响着社会的方方面面，对社会发展呈现出全方位、多层次的影响和作用。具体分析如下：

文化是一个国家独特身份的核心体现。历史、传统、价值观、信仰和习俗等因素共同塑造了一个国家的民族精神和文化认同。通过文化，人们能够确认自己的归属感和身份认同，这对于国家的统一和社会稳定至关重要。文化是连接社会成员的重要纽带，共同的文化价值观和习俗能够增强人们的凝聚力，从而维护社会稳定。在多元文化的国家中，文化多样性虽然带来挑战，但通过促进文化交流和融合，也可以增强社会的整体包容性和稳定性。文化产业是经济发展的重要组成部分，艺术、音乐、电影、出版、旅游等领域的产业不仅创造了就业机会，还为国家带来了可观的经济收入。一个国家的文化传统和创新精神相结合，可以激发新的创意和商业模式，推动产业升级和经济发展。

文化是一个国家在国际舞台上展示自身形象和影响力的重要方式。通过文化交流、艺术展览、教育合作等渠道，可以向世界传递价值观和理念，增强国际认同和影响力，提升国际形象，促进国际合作和交流，为国家的外交政策提供有力支持。文化在教育体系中也扮演着重要角色。通过文化教育，人们可以了解国家的历史和传统，增强爱国精神和民族自豪感，提升创新能力和批判性思维，成为国家未来发展所需的高素质人才。总之，文化对于一个国家的长期发展至关重要。

## 三、文化对社会发展的重要作用

在人类社会的漫长发展进程中，文化始终扮演着一个至关重要的角色，在经济、政治、社会以及个人发展等层面，对社会发展产生着深远的作用和影响。

### （一）文化对经济的影响

文化为经济发展提供了源源不断的创新动力。在当今时代，以影视、音乐、艺术、设计、出版等为内容的文化产业作为新兴的经济形态蓬勃兴起并获得迅猛发展，这不只是一种经济形态简单地叠加，更是一个强大的创新引擎，推动着新技术、新工艺和新产品不断涌现、层出不穷。例如，在电影产业，一部优秀的科幻电影往往会激发科学家们对未来科技的想象，进而促使他们在现实中探索相关技术的实现可能性；艺术设计领域的创新理念也常常会被应用到工业产品的设计中，使得产品在外观和功能上都有新的突破。文化自身所具有的创新性和多样性就像一把神奇的钥匙，能够打开人们思维的枷锁，激发人们的想象力和创造力，从而为经济发展注入鲜活而强大的能量。

随着全球化进程的加速，文化产业已经成为现代化经济体系中不可或缺的重要组成部分，蕴含着难以估量的市场潜力和令人瞩目的发展前景。一个国家的文化产业繁荣与否，会在很大程度上影响着这个国家在全球产业链中的地位高低。当一个国家的文化产业兴旺发达时，能够凭借着独特的文化魅力和创新的商业模式，在全球范围内吸引大量的消费者，从而积累巨额的财富，树立强大的品牌形象，如美国的好莱坞电影产业、日本的动漫产业等。这种文化产业的繁荣不仅带动着自身相关产业链的发展，还能够提升整个国家在全球产业链中的话语权和竞争力，使国家在经济全球化的浪潮中占据有利的地位，如电影周边产品的制造、动漫形象的授权等。

### （二）文化对政治的影响

文化是维系社会团结和稳定的重要纽带。在一个社会中，共同的文化价值观和信仰体系就像一种强大的精神黏合剂把社会成员牢牢地黏合在一起。例如，在中国，儒家文化所倡导的"仁爱""礼义"等价值观深入人心，转化为共同的文化基因，使社会成员之间有着一种天然的亲近感和认同感。当面临自然灾害或者外部挑战时，这种基于共同文化价值观所产生的凝聚力和向心力就会凸显出来，人们团结一心，凝心聚力，众志成城，共同应对困难，从而使整个社会趋于和谐、稳定。

文化有助于提升人们的政治素养和参与度，进而推动政治文明建设。当一个社会的文化不断发展时，人们通过接受教育、阅读书籍、参与文化活动等方式，逐渐关心政治，形成对政治的正确认知和理解，关注社会公共事务，积极参与政治讨论，行使自己的民主权利。例如，在古希腊时期，雅典的民主政治之所以能够繁荣发展，与当时希腊的文化氛围密切相关，哲学家们的思想传播、戏剧作品中的社会批判等都在一定程度上增强了公民的政治意识。同时，文化的传播和交流也为人与人之间搭建起了一座桥梁，促进了不同政治观点之间的理解和沟通。在国际政治舞台上，各国之间通过文化交流活动，如学术研讨会、文化展览等，可以更好地了解彼此的政治文化和政治理念，从而为政治决策提供更加全面和客观的参考，避免因误解而产生的冲突。

### （三）文化对社会的影响

文化就像一位技艺高超的雕塑家，塑造着社会风貌。不同的文化传统和习俗如同不同风格的雕刻工具，在社会这个巨大的"原材料"上雕琢出各具特色的社会风貌。每个国家或地区都有其独特的文化特色、历史底蕴和社会风貌。例如，在欧洲的一些古老城市，哥特式建筑风格的教堂、城堡林立，这些建筑不仅是宗教文化的象征，也反映出当地深厚的历史文化底蕴；而在一些东方国家，如日本，传统的茶道、武士道文化等习俗影响着人们的行为举止和社会交往方式，展现出一种精致、内敛而又充满礼仪的独特风貌。

文化对人们的生活方式产生着深远影响。人们的价值观念、传统习俗等文化因素在潜移默化中决定着他们的生活方式和行为习惯。在不同的文化背景下，人们的饮食、服饰、居住等生活方面都有着明显的差异。例如，在我国的传统文化中，春节是一个非常重要的节日，人们会遵循一系列的传统习俗——贴春联、放鞭炮、吃团圆饭等，这些习俗构成了独特的节日生活方式；而在西方文化中，圣诞节期间人们会装饰圣诞树、互赠礼物、参加教堂礼拜等。随着时代的发展和文化的不断演变，人们的生活方式也会不断地随着文化的潮流而演变和更新。比如，随着现代科技文化的发展，互联网的普及改变了人们的社交方式，人们更多地通过社交媒体平台进行交流互动。

### （四）文化对国际交流与合作的影响

文化就像一位友好的使者，在不同国家和地区之间建立起国际交流与合作的重要桥梁。通过文化交流，各个国家和地区之间增进相互了解和友谊。例如，在"一带一路"倡议中，文化交流就是其中一个重要的组成部分。沿线国家通过举办文化节、艺术展览、文化遗产保护合作等活动，让各国人民更加深入地了解彼此的文化内涵和特色，从而消除误解和偏见。这种文化交流像是一把万能钥匙，能够打开各个领域合作的大门，推动教育、科技、经济等领域的合作与交流。在教育领域，各国之间的学生交换项目、学术合作研究等活动日益频繁；在科技领域，不同文化背景的科学家们通过交流合作，共同攻克全球性的难题；在经济领域，文化交流有助于企业更好地了解国际市场需求，开展跨国贸易和投资等活动，为社会发展提供更多的机遇和丰富的资源。

### （五）文化对个人发展的影响

文化又像是一座巨大的精神宝库，能够极大地丰富人们的精神世界，提升人们的文化素养和审美能力。在这个信息爆炸的时代，人们通过接触和欣赏不同形式的文化作品，如文学作品、音乐、绘画、电影等，就像踏上了一场奇妙的精神之旅：阅读一部经典的文学名著，就如同与一位伟大的作家进行一场跨越时空的对话，人们可以从中汲取智慧的营养，拓宽自己的视野，领略不同的人生百态；欣赏一场高雅的音乐会，美妙的音符如同涓涓细流般流淌进心田，能够提升人们对美的感知能力，增长见识、陶冶情操，让人们的内心世界变得更加丰富多彩。优秀的文化作品更是能为人们增强精神力量，激发爱国情感和民族自豪感。当人们阅读到描写祖国壮丽山河、英雄人物事迹的文学作品时，内心深处的爱国情怀会油然而生。例如，读岳飞的《满江红》，那种精忠报国的壮志豪情会让人热血沸腾，激励人们在面对困难时勇往直前。

同时，文化又是一把神奇的魔杖，能够激发人们的创造力和创新精神，为个人的成长和发展提供源源不断的动力。许多伟大的科学家、艺术家都从文化中汲取灵感。如牛顿从古希腊哲学文化中得到启发，从而发现万有引力定律；梵高从日本浮世绘文化中汲取营养，创造出独特的绘画风格。

通过文化教育、艺术培训等多种途径，人们可以获得全面发展，提升自己的综合素质和竞争力：在学校里，文化教育不仅传授知识，还注重培养学生的品德、思维能力和创新能力；艺术培训则能够让人们在音乐、舞蹈、绘画等艺术领域中发掘自己的潜能。此外，文化具有多样性和包容性，能够培养人们的宽容心态和全球视野，在多元文化交融的环境中，学会尊重不同文化背景下的人和事物，为个人的未来发展提供了更多的可能，有助于其更好地适应全球化的发展趋势。

中国文化博大精深，源远流长，内涵丰富，构成元素多元，体现在语言文字、文学艺术、传统节日与习俗、哲学思想与宗教信仰、中医中药、传统服饰与手工艺、饮食文化以及建筑与艺术等多个方面。如表 2-2 所示：

**表 2-2 最能体现中华文化特色的代表性元素**

| 元素 | | 举例 | 特色之处 |
|---|---|---|---|
| 语言文字 | 汉字 | 如宋体、楷书、隶书 | 是世界上持续使用时间最长的文字，其独特的结构和书写方式蕴含着深厚的文化内涵 |
| | 汉语 | 如语音、词汇和语法 | 不仅承载着历史和文化传统，还体现了中华民族的智慧和创造力 |
| 文学艺术 | 中国文学 | 如唐诗宋词、元曲明清小说等 | 以其独特的艺术风格和深刻的思想内涵闻名于世 |
| | 艺术形式 | 中国书法、绘画、篆刻等 | 以其精湛的技艺和独特的审美观念，展现了中华文化的艺术魅力 |

（续表）

| 元素 | | 举例 | 特色之处 |
|---|---|---|---|
| 传统节日与习俗 | 传统节日 | 如春节、清明节、端午节、中秋节等 | 是中华民族传统文化的重要组成部分，蕴含着丰富的历史和文化内涵 |
| | 节日习俗 | 如贴春联、放鞭炮、赛龙舟等 | 体现了中国人民对美好生活的向往和追求 |
| 哲学思想与宗教信仰 | 中国哲学思想 | 如儒家、道家等 | 对中华民族的精神世界产生了深远影响 |
| | 宗教信仰 | 如道教、佛教等 | 在中国有着悠久的历史和深厚的文化底蕴 |
| 中医中药 | 中医 | 如阴阳五行、针灸推拿等 | 是中国独有的医学体系，其独特的理论和治疗方法，体现了中华文化的智慧 |
| | 中药 | 如黄芪、甘草等 | 以其独特的药效和治疗方法，为中华民族的健康事业作出了巨大贡献 |
| 传统服饰与手工艺 | 中国传统服饰 | 如明制服装、唐装、旗袍等 | 以其独特的款式和色彩搭配，展现了中华文化的审美观念 |
| | 手工艺 | 如剪纸、刺绣、陶瓷等 | 以其精湛的技艺和独特的文化内涵，体现了中华民族的智慧和创造力 |
| 建筑与艺术 | 中国古代建筑 | 如故宫、颐和园等 | 以其独特的建筑风格和精湛的工艺，展现了中华文化的辉煌成就 |
| | 中国传统园林艺术 | 如苏州园林等 | 以其独特的造园手法和审美观念，体现了中华民族的智慧和创造力 |
| 中国饮食文化 | | 如川菜、粤菜、鲁菜等八大菜系，各具特色。 | 以其丰富的食材、独特的烹饪方法和口味闻名于世 |
| 茶文化 | | 如乌龙茶、铁观音、普洱茶、红茶、绿茶等 | 是中国文化的重要组成部分，以其独特的品质和饮用方式，体现了中华民族的礼仪和品味 |

　　这些体现中华文化的元素共同构成了中国文化的独特魅力，为中华民族的繁荣和发展提供了强大的精神支撑和文化底蕴。中华文化是中华民族的血脉，是中华民族五千多年来绵延不断坚强屹立于世界民族之林的原因和动力。在新的时代背景下，作为中华文化的集大成者，高校图书馆要研究文化传承，思考文化"双创"，加强自身文化传承功能的建设。

# 第二节　什么是文化传承

## 一、什么是文化传承

　　文化传承，从广义上来看，是一个民族或社会群体经过长时间积累和传承下来的生活习惯、信仰、艺术、知识、技能、价值观等非物质和物质文化遗产的总和。它不仅涵盖了如语言、文学、音乐、舞蹈、戏剧、传统手工艺、民俗活动等艺术和非艺术形式，还包括了思维方式、生产方式、生活方式、宗教信仰、价值观念等深层次的文化内涵。

　　文化传承是动态的，是文化遗产从一代人传递到下一代人的过程。这种传递不只是简单的复制或模仿，是一个再创造和重新解释的过程。每一代人都在前人的基础上，根据自己的时代背景和社会需求，对文化遗产进行筛选、重组和创新，从而使其更具生命力和时代感。同时，文化传承也是多层次的。它不仅涉及文化元素在个体层面的传递和学习，还包括了群体、社区乃至国家层面的共享和维护。这种多层次的文化传承确保了文化的连续性和多样性。总的来说，文化传承是一个民族或社会群体保持其文化特性和身份的重要手段，它使得文化能够跨越时间和空间的限制，持续影响和塑造着人们的思想和行为。

　　每个民族、族群以及家庭，都像是一座文化的宝塔，在岁月的长河中，经过世世代代的生活积累，逐渐形成了独有的历史记忆、传统习俗、价值观念等诸多文化元素。这些文化元素，从古老的技艺传承到无形的精神信仰，涵盖了生活的方方面面，如我国的陶瓷烧制技艺、苏绣工艺、宗教信仰、祖先崇拜等。这个传承的过程实际上是文化在一个共同体（如民族）的社会成员中的纵向交接过程，形成一条无形的纽带，将一代又一代的人紧密联系在一起。当然，这一过程并非随意进行的，而因受到生存环境和文化背景的影响和约束，具有一定的强制性和模式化要求。不同的生存环境孕育出不同的文化形态。例如，生活在海边的民族可能会有独特的海洋文化，他们的价值观念、技艺传承等都与海洋息息相关；而生活在草原的族群，其文化必然带有草原的烙印。这种生存环境的差异使得文化传承具有特定的模式和要求，而且往往要求强制性遵循，因为这关系到整个群体的生存与发展。这种传承最终形成文化的传承机制，使人类文化在历史发展中保持稳定性、完整性、延续性等特征。其中，稳定性体现在文化不会轻易因外界因素而发生巨大改变，它在一定的历史时期内保持相对固定的形态；完整性则表示文化的各个元素相互关联、相互依存，形成一个有机的整体；延续性确保了文化能够代代相传，不会出现断层。

## 二、文化传承的重要性

文化传承对于一个国家、民族和社会的发展以及个人成长都具有重要的意义，能够提升国家形象和地位、保持民族特色和传统、促进社会和谐与稳定、培养个人品德和综合素质以及推动社会创新和进步等。

### （一）提升国家形象和地位

传承和传播中华传统文化，可以使世界更加了解和尊重中国的历史和文化，从而提升我国在国际舞台上的地位。我国拥有悠久的历史和丰富灿烂的传统文化。当这些传统文化元素在世界范围内得到传承和传播时，就像一张张精美的名片，向世界展示着中国的独特魅力，提升中国的形象和地位。同时，通过与其他国家的文化交流，可以促进文化的互鉴和融合。不同国家的文化相互学习、相互借鉴，共同推动人类文明的发展。例如，古老的丝绸文化、茶文化、传统武术等，这些特色文化在国际上的传播，不仅让世界认识到中华文化的博大精深，也增进了我国与其他国家之间的文化交流与理解。

### （二）保持民族特色和传统

每个国家和民族都有自己独特的文化遗产，它们是一个国家历史、社会发展、民族存续的见证。在全球化的浪潮下，各个国家和民族都面临着前所未有的文化冲击。从古老的建筑到传统节日，从独特的语言文字到民间传说故事，每一个文化元素都承载着民族的记忆。如果这些文化元素没有被传承下去，人们将如同浮萍失去根基，容易在现代社会的洪流中迷失方向，失去对历史的认知和对传统的基本尊重，社会将变得面目全非。通过文化传承，人们可以精心呵护自己民族的特色和传统，为自己所属的民族感到骄傲和自豪，从而增强民族认同感和凝聚力。同时，也能够确保国家、民族保持连续性和稳定性，就像一座灯塔，在历史的长河中为国家和民族的发展指明方向。例如，当中国人在春节期间阖家团圆、贴春联、放鞭炮时，这种传统习俗的传承让每一个中华儿女都深切感受到中华民族的独特魅力，从而在内心深处强化了对民族的归属感。

### （三）促进社会和谐与稳定

文化传承有助于维护社会的和谐与稳定，是社会正常运转的基石。一个社会中的价值观念、道德伦理和行为规范等文化传统就是社会秩序的骨架，支撑着整个社会的运行。例如，在家庭中，长辈通过言传身教将尊老爱幼、诚实守信等道德观念传承给晚辈；在学校里，老师将社会所倡导的价值观传递给学生。通过这种传承，人们可以从前辈那里学习到正确的道德观念和行为习惯，形成社会共识。当整个社会的成员都遵循这些共同的价值观念和行为规范时，就能够避免道德沦丧和社会动荡。例如，儒家倡导的"仁、义、礼、智、信"等思想，在我国传承了数千年，在很大程度上维护了中国社会的和谐稳定。此外，文化传承还有助于保护少数民族的权益，维护社会的多元性和多样性。每个少数民族都有自己独特的文化，这些文化在传承过程中得到尊重和保护，使得社会像一个丰富多彩的大花园，各个民族的文化之花竞相绽放，共同构建了多元包容的社会环境。

### （四）培养个人品德和综合素质

文化传承对于个人的成长和发展也具有不可忽视的重要影响。通过家庭、学校等途径，人们接受的文化教育就像是一场春雨，滋润着个人品德和气质的成长。

在家庭文化的熏陶下，孩子从小就可以学会孝顺父母、尊重他人等良好品质。例如，在传统的家庭中，长辈会讲述家族的故事、家族的家规家训等，这些都潜移默化地影响着孩子的价值观和行为习惯。学校教育中的文化传承更是系统而全面的，从文学、历史到艺术、科学等各个领域的知识传承，有助于拓宽个人的视野，丰富个人的内涵，增加个人的技能。文化传承使人们能够把握自己的文化认同，维系自己的根脉基础，当一个人对自己的文化根源有着深刻的理解和认同后，会在内心深处建立起强大的自信心和自尊心。此外，文化传承还有助于培养个人的创造力和想象力。丰富的文化背景就像是一座取之不尽的宝库，为个人提供更多的启示和创新思路。例如，中国古代的诗词文化中蕴含着无尽的意境和哲理，现代诗人、作家从这些传统文化中汲取营养，就会激发灵感，创造出更具深度和韵味的作品，有助于促进个人综合素质的提升。

### （五）推动社会创新和进步

文化传承也是推动社会创新和进步的重要动力。在当今全球化的时代，世界各国的文化相互交融、相互碰撞。通过吸收和融合不同文化，可以促进文化的多样性和丰富性。

不同文化之间的交流就像不同河流的汇聚，各自带来独特的元素，从而形成更加波澜壮阔的文化海洋。这种多样性和丰富性能够为社会的创新和发展提供源源不断的动力。例如，在现代科技领域中，许多创新成果都受到不同文化思维方式的启发。同时，文化传承还可以为现代社会提供有益的历史借鉴和启示，帮助我们更好地应对现代社会的挑战和问题。历史上的许多智慧结晶，如古代的管理思想、军事战略等，都可以为现代社会的管理、军事等领域提供宝贵的经验。

因此，我们应该增强文化传承意识，高度重视文化传承工作，加大对传统文化的保护力度，通过教育、宣传等多种方式，加大对传统文化的传承力度，守护好中华文明的火种，让文化的种子在我们手中绽放出更加美丽的花朵，也为人类文明发展添砖加瓦，做出更大的贡献。

## 三、文化传承和文化传播之间的区别和联系

文化传承和文化传播是两个既相互区别又相互联系的概念，它们在文化的发展和演变中分别起着不同的作用。

### （一）区别

文化传承指的是文化在某一个共同体（如民族）的社会成员中纵向交接的过程，强调文化的连续性和稳定性，是维系民族文化共同体的内在动因，具有强制性和模式化的要求，使人类文化在历史的发展中能够保持稳定性、完整性和延续性。文化传承通过教育、宗教、习俗、艺术等方式进行，通常依赖于社会成员的共同努力和认同，以确保文化的连续性和稳定性。

而文化传播则是指文化由一个群体向另一个群体的散布过程，在此过程中不同民族之间的文化相互作用。文化传播更侧重于文化的横向交流，强调文化的扩散和影响，是文化多样性和文化交融的重要推动力。文化传播通过语言、文字、媒体、贸易、旅游等多种途径进行。它使得文化能够跨越地域和民族的界限，实现广泛的交流和融合。

### （二）联系

文化传承和文化传播在文化的发展和演变中起着不可或缺的作用。它们既相互区别又相互联系，共同推动着文化的繁荣和发展。

首先，二者是相互依存、相互促进的。没有文化传承，文化传播就失去了源头和根

基；没有文化传播，文化传承就难以在更广泛的范围内得到延续和发展。文化传承为文化传播提供了丰富的内容和深厚的底蕴，使文化传播更加具有吸引力和影响力。同时，文化传播也促进了不同文化之间的交流和融合，为文化传承注入了新的活力和元素。其次，二者具有共同的目标。无论是文化传承还是文化传播，它们的共同目标都是推动文化的繁荣和发展。通过传承和传播，文化能够不断得到丰富和创新，为人类社会的进步和发展提供强大的精神动力。

# 第三节　地方文化的定义、内涵、特点与价值

## 一、地方文化的定义与内涵

地方文化，也可以称为地域文化或区域文化，是一个比较宽泛的概念，是某一特定地区内人们长期生活、生产过程中形成的精神和物质成果的总和，全面反映着这个地区的自然环境、历史背景和社会结构，集中体现着地方成员对自然的认识和利用方式，以及由他们创造和传承的文明成果，深刻影响着当地人的生活方式、价值观念和行为习惯。它的实质是生活在某一地域的人们由于地理环境、历史传承、社会制度以及民俗习惯、宗教信仰等多种因素的相互作用而形成的一种特定的文化形态，是地方或地域之间相互区别的文化类型。地方文化各方面因素的具体释义如表2-3所示：

**表2-3　地方文化各因素具体释义**

| 构成元素 | 具体释义 |
|---|---|
| 地理环境 | 一个地方的自然环境，如山川、河流、气候等，都是形成其独特文化的重要因素。这些地理环境不仅影响着人们的生活方式，还塑造了他们对待自然的态度和观念 |
| 历史传承 | 历史是一个地方文化的重要组成部分。每个地方都有其独特的历史背景和传承下来的文化遗产，这些遗产包括建筑、艺术、文学、传统工艺等 |
| 社会制度 | 社会制度也是地方文化的一个重要方面。它反映了地方社会的组织结构、权力分配、价值观念等 |
| 民俗习惯 | 民俗习惯是地方文化中最具生动性和活力的一部分。它包括各种节日庆典、婚丧嫁娶习俗、饮食习惯、民间信仰等 |
| 宗教信仰 | 宗教信仰在很多地方文化中占据着重要地位。它影响着人们的思想观念、道德准则和生活方式 |

我国历史悠久，疆域辽阔，地大物博，文化资源十分丰富，且又多彩多姿。从地域分布上看，分为北京文化、天津文化、河北文化等各地文化，其具体内涵如表2-4所示：

表2-4　我国各地文化及其特色

| 地域文化 | 文化特色 |
|---|---|
| 北京文化 | 北京作为我国的首都，拥有深厚的历史文化底蕴。北京故宫是世界上最大的古宫殿建筑群，是明清两代的皇宫，集中体现了我国古代宫廷建筑的精美华姿。此外，京剧、胡同、京片子（北京话）等也是北京文化的重要组成部分 |
| 天津文化 | 天津作为我国北方的重要港口城市，五大道是最为完整的洋楼建筑群，展现了我国近代的历史风貌。另外，曲艺之乡、煎饼果子、杨柳青年画等传统技艺和美食也是其独特的文化符号 |
| 河北文化 | 河北省拥有避暑山庄、承德外八庙等著名景观，以及吴桥杂技、邢台梅花拳等传统技艺。赵州桥作为古代桥梁建筑的瑰宝，也体现着河北的文化底蕴 |
| 山西文化 | 山西省的平遥古城是我国保存最完好的古城之一，云冈石窟、五台山等景观享誉世界。晋剧、道情戏等传统戏曲以及山西刀削面、杏花村汾酒等美食都是山西文化的重要组成部分 |
| 江浙文化（即江苏和浙江） | 享誉天下的苏州园林、秦淮河等景观以及苏菜、南京板鸭等美食共同织就了江苏的文化底蕴。杭州西湖、普陀山等景观以及浙菜、西湖龙井等美食也展示了浙江的文化特色。此外，昆曲、越剧等传统戏曲以及义乌小商品城等经济活动也体现了江浙地区的繁荣和开放 |
| 山东文化 | 山东省的泰山是中国五岳之首，曲阜三孔则是纪念孔子的圣地。鲁菜作为中国八大菜系之一，以其独特的口味和烹饪技艺而闻名。此外，还有山东快板、柳子戏等传统艺术也是山东文化的重要组成部分 |
| 陕西文化 | 陕西省的秦兵马俑被誉为世界八大奇迹之一，展示了我国古代军事文化的辉煌。羊肉泡馍等美食以及秦腔等传统戏曲也体现了陕西的文化特色 |
| 河南文化 | 河南省的洛阳龙门石窟、殷墟等是我国古代文化的瑰宝。洛阳水席等美食以及豫剧等传统戏曲都是河南文化的重要组成部分。少林寺作为武术圣地，也体现了河南的武术文化 |
| 四川文化 | 四川省的峨眉山、乐山大佛等景观以及川菜、蜀绣等传统技艺都体现了四川的文化底蕴。三星堆文化是我国古代文明的瑰宝之一，展示了四川的古代文明 |
| 湖北文化 | 湖北省的黄鹤楼、武当山等景观以及鄂菜、汉江鱼宴等美食都是湖北文化的重要组成部分。此外，汉剧等传统戏曲也体现了湖北的文化特色 |
| 湖南文化 | 湖南省的武陵源、岳阳楼等景观以及湘菜、湘绣等传统技艺都体现了湖南的文化底蕴。花鼓戏等传统戏曲以及湖南的辣妹子形象也展示了湖南的文化特色 |
| 广东文化 | 广东省的白云山、丹霞山等景观以及粤菜、沙河粉等美食都是广东文化的重要组成部分。粤剧等传统戏曲以及广交会等经济活动也体现了广东的开放和包容 |

此外，还有许多其他具有特色的地方文化，如内蒙古的草原文化、广西的漓江文化、云南的滇云文化等，共同构成了我国丰富多彩的文化画卷。

从形态上来看，地方文化又可以分为物质文化和精神文化。其中，物质文化包括这一地区的自然地理环境、历史遗迹、建筑风貌、生产生活工具等显性的物质文化遗产，是地方文化的重要载体和表现形式。而精神文化包括该地区的宗教信仰、价值观念、道德观念、风俗习惯、文学艺术、科学技术等隐性的非物质文化遗产，反映了地方人民的精神追求和文化传统。

## 二、地方文化的特点与价值

地方文化是地方历史和现代文明的交汇点，也是地方经济社会发展的重要支撑和根本力量，具有重要的价值和凝心聚力作用，有助于增强地方成员的文化归属感和认同感，促进地方社会的稳定和和谐。同时，也是地方经济发展的重要资源，可以转化为地方旅游、文化创新创意等多种产业。各地都有区别于其他地方的地域特色鲜明的文化，是这一个地方独有的巨大魅力所在和灵魂所依，满载着人们的地域自豪感，形成了这一个地方的人们赖以生存的共同精神家园，体现着重要的历史价值、文化价值和社会价值，值得人们去了解、呵护、传承和创新。地方文化也是地方社会文明赖以延续的根基，具有鲜明的地域性、历史性等独特的特点。具体如表2-5所示：

表2-5　地方文化的特点及其释义

| 特点 | 具体释义 |
|---|---|
| 地域性 | 即与当地地理、气候、资源等自然条件紧密相关的文化特征，这是最鲜明的特点，如江南水乡的文化特色与北方的草原文化截然不同，前者强调温婉细腻，后者则注重粗犷豪放 |
| 历史性 | 地方文化具有深厚的历史积淀和传承性，具体体现为不同的历史文化遗迹、传统节日、民俗活动等 |
| 民族性 | 在多民族国家中，地方文化往往与特定民族的文化传统紧密相连。不同的民族有不同的语言、宗教信仰、习俗和节日，这些都构成了地方文化的民族性特点 |
| 多样性 | 地方文化因其地域、历史、民族等差异而呈现出丰富的多样性。在物质文化层面，表现为建筑、服饰、饮食等；在精神文化层面，表现为信仰、价值观、艺术等 |

（续表）

| 特点 | 具体释义 |
|------|----------|
| 独特性 | 各地不同的自然环境、历史背景、民族传统等因素，赋予了每个地方的文化独特的风格和特色，这是地方文化区别于其他地区文化的关键所在 |
| 包容性 | 地方文化在发展过程中往往能够吸收和融合外来文化元素，形成独具特色的地方文化体系。这种包容性不仅体现在物质文化层面，还体现在精神文化层面，如宗教信仰、价值观念等 |
| 创新性 | 地方文化在传承过程中并非一成不变，而是随着时代的发展而不断创新和发展。创新性是地方文化保持活力和生命力的关键所在，也是地方文化能够持续传承和发展的重要因素 |

根据表2-5，地方文化的上述特点共同构成了她丰富的内涵和独特的魅力，使每个地方的文化都成为一个独特的"文化名片"，吸引着人们去探索和沉浸式的体验。

# 第四节 地方文化的重要作用

地方文化对于促进地方社会的经济增长、增强社会凝聚力、推动创新发展等都具有重要作用。

## 一、促进地方社会经济增长

首先，地方文化，尤其是历史文化名城所拥有丰富的历史文化资源，可以转化为文化产业的生产要素，从而转化为经济效益。如通过开发历史文化旅游资源、举办文化节庆活动、打造文化创意产品等方式，从而将文化资源转化为经济效益。同时，地方文化还能够促进产业链的延伸，带动相关产业拓展，以地方文化独特的魅力吸引大量游客前来观光旅游，从而带动当地文化旅游业发展；此外，旅游景点、文化遗产、民俗风情等文化资源不断吸引游客集聚，进而可以促进餐饮、住宿、交通等相关产业的繁荣，而这些产业的繁荣还将进一步促进当地经济的全面发展。

其次，地方文化能够孕育出具有地方特色的产业，如手工艺品、地方美食、传统医药等。这些特色产业不仅能够丰富一个地方的经济结构，还能够提高当地居民的收入水平。同时，也能够为文化创意产业提供丰富的素材和灵感来源，从而发展为文化创意产业。通过将地方文化元素融入创意产品中，可以创造出具有市场竞争力的文化产品和服务，推动当地经济的创新发展。

最后，地方文化能够助力企业文化的塑造。历史文化名城中的企业，往往能够依托当地的丰厚文化底蕴，形成独特的企业文化。这种文化支撑不仅丰富了企业的内涵，还提升了企业的品牌形象和竞争力。例如，太原的老陈醋集团、钢铁集团等，都通过融入历史文化元素，打造了具有地方特色的企业文化。

## 二、增强社会凝聚力

地方文化通过同代之间的横向相传和不同时代的跨代际相传，将共同的历史记忆、价值观念和行为规范传递给社会成员。这种传承有助于增强社会成员之间的文化认同感和归属感，从而增强社会的凝聚力。此外，地方文化中的传统美德、道德观念等能够极大地维护社会稳定，促进社会和谐；在经济快速发展的过程中，这些文化因素尤其具有重要的意义，能够发挥调节作用，减少社会矛盾和冲突。

## 三、推动创新发展

地方文化的这一作用可以从四个方面进行阐述。一是文化的创新。地方文化在传承的过程中也在不断创新和发展。通过将地方文化与现代科技、设计理念等相结合，可以创造出具有独特魅力的新产品和服务，推动当地经济的创新发展。二是人才的培养。文化产业的发展需要大量的人才支持，尤其是艺术、手工艺等领域，需要培养专业的人才来传承和发展。这些人才的培养和引进有助于推动当地文化创意产业的发展，为当地经济注入新的活力。三是形成文化品牌。地方文化可以形成独特的文化品牌，以品牌效应提升当地产品的知名度和美誉度。这种文化品牌效应有助于推动当地产品的销售和市场的拓展，为当地经济带来更大的发展空间。四是助力产业品牌传播与影响力提升。具有历史文化底蕴的产业品牌承载着地方的历史记忆和文化传承，能够激发消费者的文化认同感和归属感，因此也更容易被消费者接受和认可，从而扩大市场份额。

## 四、吸引投资与挽留人才

独特的历史文化资源和丰富的文化底蕴更能够吸引投资者的目光。投资者被一个地方的历史文化的独特魅力和潜在价值所吸引，就会愿意投入资金进行相关的开发和利用。同时，人才是社会经济发展的第一要素，历史文化名城在吸引和留住人才方面也具有独特的优势，能够为各方面发展吸引和挽留人才，为经济社会发展提供人才保障。

## 五、促进区域合作与交流

历史文化名城往往成为文化交流的重要平台，可以依托自身的文化优势，通过举办各种文化交流活动，加强与其他地区的联系和合作，促进文化的传播和交流的同时，与其他地区开展经济合作和资源共享，实现互利共赢的发展目标，推动区域经济的协调发展。

## 六、提升城市形象与文化软实力

地方文化有助于城市形象的塑造和文化软实力的提升，是城市发展的重要支撑。历史文化名城通常具有独特的城市形象和文化魅力。通过保护和传承历史文化资源，可以进一步提升城市的知名度、美誉度和文化软实力，从而增强城市的吸引力和竞争力，为城市的可持续发展奠定坚实基础。

总之，地方历史文化对当地经济社会发展的作用是多方面的、深远的。因此，要高度重视历史文化资源的保护和传承工作，充分挖掘和利用地方文化的资源和优势，发挥其在经济发展中的重要作用。

# 第五节　地方文化与中华优秀传统文化的关系

地方文化与中华优秀传统文化之间存在着密不可分的关系。可以从以下几个方面进行理解。

## 一、地方文化是中华优秀传统文化的组成部分

我国地域广阔、民族众多，不同地方拥有不同的历史、地理、民俗、风土人情以及文化传承。这些各具特色的地方文化，共同构成了中华优秀传统文化的丰富内涵和多样形式。例如，四川凉山彝族火把节这个具有浓厚地方特色的节日，通过城市与乡村的广泛互动、文化与旅游的深度互融，展现了彝族文化的独特魅力，体现了彝族人民对火的崇拜和敬畏，还融入了歌舞、服饰、饮食等多方面的文化元素，共同构成了中华优秀传统文化中丰富多彩的民族风情。这种地方性节日与习俗作为中华优秀传统文化的重要内容之一，经过世代相传，在不断丰富和完善着中华文化的内涵，影响着整个中华民族。

## 二、各地文化对中华优秀传统文化都具有重要贡献

在中华优秀传统文化的长期发展过程中，各个地方的文化都起到了重要的推动作用。各地文化中的独特元素和精髓，不断被吸纳和融入中华优秀传统文化之中，使其更加丰富、充满活力和创造力。同时，各地文化也在不断地传承和创新发展中为中华优秀传统文化的发展提供了新的思路和方向。例如，江南文化、中原文化等地域文化特色，都在一定程度上影响了中华优秀传统文化的形成和发展。其中，秦淮灯会作为首批国家级非物质文化遗产，被誉为"天下第一灯会"和"秦淮灯彩甲天下"。她融合了历史、文化、艺术等多种元素，展现了南京地区独特的文化风貌。秦淮灯会的传承和发展，不仅丰富了中华优秀传统文化的艺术宝库，还为地方文化的繁荣和发展注入了新的活力，展现了独特魅力，为中华文化的多样性提供了丰富的素材。

## 三、中华优秀传统文化也在不断滋养着地方文化

中华优秀传统文化作为整个中华民族的精神命脉和文化根基，也在不断滋养着地方文化，其精髓和核心价值观，如仁爱、诚信、礼仪等，都在地方文化中得到了体现和传承。同时，中华优秀传统文化也为各个地方文化的发展提供了广阔的空间和更多的机会，使其能够在更广阔的舞台上展现自己的独特魅力，不断繁荣发展。

## 四、地方文化与中华优秀传统文化之间相互融合、相互影响

在长期的历史发展过程中，地方文化与中华优秀传统文化之间形成了紧密的联系和互动。这种融合不仅体现在文化元素的相互借鉴和融合上，更体现在文化精神的相互传承和发扬上。例如，彭祖的养生思想和方法，如食疗养生、按摩养生等，不仅影响了徐州的饮食文化，也对中华养生文化的发展产生了重要影响。彭祖的养生理念强调顺应自然、调养身心，至今仍被许多人推崇。徐州汉文化不仅丰富了中华传统文化的内涵，也为后世提供了宝贵的历史文化遗产。汉代的儒家思想、道家学说等都在徐州得到了广泛的传播和发展，对中华传统文化的形成和发展产生了重要影响。

总之，地方文化与中华优秀传统文化之间相互依存、相互促进、共同发展，共同构成了中华民族丰富多彩的总体文化画卷。在新的时代，我们应该更加珍视和传承这种关系，推动地方文化与中华优秀传统文化的深度融合和创新发展，为中华民族的伟大复兴提供强大的精神支撑和文化动力。

# 第六节　地方文化传承的概念、作用、原则与方法

地方文化传承如同一条贯穿时空的无形的丝线，将某一地区内特有的历史、传统、风俗习惯、艺术形式等多元文化现象紧密地串联起来，确保这些文化瑰宝历经岁月的洗礼而得以传递与延续。在当今全球化背景下，各种文化相互碰撞、不断交融，深入理解地方文化传承的概念显得尤为重要。

## 一、地方文化传承的概念

地方文化是某一地域范围内的人们在漫长的历史发展进程中，经过世世代代的沉淀、积累、演变而形成的独特文化现象。其中，历史是地方文化的根基，犹如一座巍峨大厦之基石，它承载着地区的发展脉络、重大事件以及先辈们的奋斗足迹。传统则是地方文化的骨架，规范着人们的生活方式、价值观念以及行为准则，如传统的家族观念、礼仪规范等，这些传统代代相传，深深烙印在地区人民的生活之中。风俗习惯是地方文化的血肉，它丰富而鲜活，从独特的节日庆典到日常的饮食起居，每一个习俗都像是一颗璀璨的文化明珠，散发着浓郁的地方特色。像是某些地区在特定节日里才会举行的盛大祭祀仪式，人们穿着传统服饰，遵循古老的祭祀流程，祈求来年风调雨顺、幸福安康；又比如一些地方特有的饮食习俗，特定的食材搭配、独特的烹饪方法，无不反映出当地的地理环境和人文特色。艺术形式则是地方文化的灵魂所在，它以音乐、舞蹈、绘画、戏剧等多种形式展现出地区人民的精神风貌和审美情趣。比如具有浓郁地方风格的民间舞蹈，舞者们的每一个动作、每一个表情都蕴含着当地的文化密码，是地方文化在艺术领域的生动诠释。

而地方文化的传承，就是要将这些瑰宝般的文化现象，通过家庭的言传身教、学校的文化教育、社区的文化活动以及社会各界的积极推广等各种各样的方式实现代际传递。这一传承过程并非简单的复制粘贴，而是要让这些文化在新的时代环境下得以延续和发展，不断注入新的活力，使其与时俱进，适应现代社会的需求。

## 二、地方文化传承的作用

地方文化是维系地区社会稳定和发展不可或缺的重要纽带。在每一个地区，地方文化深入到人们生活的方方面面，是人们身份认同的重要标志。当人们共享同一种地方文化时，就会产生强烈的认同感和归属感。这种情感上的共鸣能够在地区内营造出一种和谐、团结的社会氛围。例如，在一些古老的城镇，当地居民遵循着世代相传的风俗习惯，在传统节日里大家共同参与庆祝活动，这种共同的文化体验使得邻里之间关系融洽，社区凝聚力极大增强。一旦地方文化得到传承，这种稳定和谐的社会关系就会得以延续，为地区的稳定发展奠定坚实的基础。

地方文化本身能够成为地区经济发展的重要资源。随着现代社会的发展，文化产业和旅游产业蓬勃兴起，地方文化在其中扮演着关键的角色。地方独特的文化元素可以转化为具有吸引力的旅游产品，吸引大量游客前来观光游览。比如一些保存完好的古村落，凭借着古老的建筑风格、传统的手工艺展示以及独特的民俗文化活动，成为游客们向往的旅游胜地。这不仅带动了当地旅游业的发展，还带动了餐饮、住宿、交通等相关产业的繁荣。同时，地方文化也为文化产业的发展提供了丰富的素材，如以地方传说为蓝本创作的影视作品、以传统手工艺为基础开发的文创产品等，这些都为地区经济的可持续发展注入了源源不断的动力，有力促进了地区经济发展。

传承地方文化，能够更好地弘扬民族优秀传统文化。地方文化是民族文化这棵参天大树的重要分支，就像涓涓细流，汇聚成民族文化的汪洋大海。每一个地区的文化都蕴含着民族文化的基因，具体体现着民族文化多样性。当各个地区的地方文化都得到传承和发扬时，整个民族的文化底蕴就会更加深厚，民族凝聚力和自信心也会随之增强。在中华民族这个大家庭中，各个民族、各个地区的文化丰富多彩，如藏族的藏文化、蒙古族的草原文化等，这些地方文化的传承与弘扬，共同铸就了中华民族文化的辉煌，使中华民族在世界文化之林中屹立不倒，充满自豪地展现自己独特的文化魅力。

## 三、地方文化传承的原则与方法

地方文化传承既像一场漫长而又充满意义的接力赛，是一个极为复杂且细致入微的过程；又像一张巨大的网，纵横交错，涉及多个层面和维度，每个层面和维度都像是这张网上不可或缺的节点，有其原则与方法。

## （一）原则

文化传承的原则要重点考量以下几个方面：

首先，要遵循历史的延续性。历史，宛如一座巍峨的大厦基石，稳稳地支撑着文化传承这座宏伟建筑。在地方文化传承的宏大叙事中，历史的传承占据着根本性的地位，缺失了对历史的传承，所谓的文化传承就如同无源之水、无本之木，不是真正意义上的文化传承。地方文化传承必须深深扎根于对地方历史的认同和敬重之上。每一个地方都像是一部厚重的史书，地方历史文献犹如书中的文字，详细地记录着当地文化的发展脉络；传统习俗则像是书中的插图，生动地展现着各个时期的文化风貌；民俗活动更像是书中的故事章节，充满活力地讲述着当地人民的生活方式和价值观念。我们要通过深入细致地研究这些地方历史文献、传统习俗和民俗活动，像一位精心修复古籍的工匠一样，小心翼翼地确保文化传承的连续性和完整性，不容许出现任何的断裂和缺失。

其次，要注重人的参与性。人，是文化的创造者，用智慧和情感创造出丰富多彩的文化世界；人，也是文化的传播者，无时无刻不在传播着文化的魅力和芬芳。地方文化传承离不开广大民众的积极参与，要通过多种途径来提升民众对地方文化的认识和热爱，增强其传播责任感。例如通过学校教育、社会教育等多种形式，将地方文化的知识和魅力传递给广大民众；通过培训让民众更加深入地了解地方文化的内涵；通过文化活动吸引民众积极参与其中。当民众对地方文化有了深刻的认识和炽烈的热爱之情，就会随时随地地传播地方文化。

再次，要注重适应性和创新性。地方文化传承不能局限于过去的形式和方式。随着社会的车轮滚滚向前，时代在不断变化和发展，地方文化传承必须与时俱进，找到适应现实环境的方法和手段。好比一艘在历史长河中航行的船只，要根据不同的水流和风向调整船帆。同时，也要高度注重创新性，把传统文化当作一块珍贵的璞玉，用现代技术、艺术的工具精心地雕琢。将传统文化与现代技术、艺术巧妙地结合起来，就像是一场跨越时空的联姻，可以创造出崭新的形式和内容。这些新的文化成果就像是闪耀的星辰，更富有吸引力和影响力，能够吸引更多的人关注和喜爱地方文化。

最后，要注重多样性和包容性。地方文化传承应当像一片广袤无垠的海洋，尊重文化的多样性，包容不同民族、不同地域如涓涓细流般的文化特色。每一种文化特色都是一颗独特的珍珠，都有其不可替代的价值。文化交流、融合，就像是不同河流汇聚成大海，相互交融、相互促进，从而推动地方文化繁荣发展。

## （二）方法

教育是文化传承的重要手段，要将地方文化传承纳入学校课程体系之中，加强对学生的历史、音乐、绘画等艺术形式的教育。历史教育，可以使学生了解地方文化的渊源；音乐教育，可以使学生在动情传唱中感受地方文化独特的韵律之美；绘画教育，可以使学生在描绘地方文化的画卷中领略其独特的视觉魅力。同时，积极组织文化活动和艺术展览，让学生们在欢乐的活动氛围中深入了解地方传统文化和价值观，驻足观赏展示在橱窗里的地方文化艺术的珍宝，沉浸其中，接受熏陶。

社区是地方文化传承的基层阵地，通过组织各种各样丰富多彩的社区文化活动，能够让地方文化在社区这个小天地里焕发出新的生机与活力。如传统节日庆祝活动，每一个传统节日都是社区文化日历上的重要节日，社区居民们在共同庆祝中，能够传承古老的节日习俗和文化内涵；手工艺品展览就像是一场社区里的民间艺术大赏，那些精美的手工艺品化身无声的文化使者，向人们诉说着地方文化的精湛技艺和独特魅力；传统乐器演奏则能够带来一场穿越时空的音乐之旅，悠扬的乐声在社区里回荡，让人们仿佛置身于古老的文化氛围之中。这些活动就像是一条条纽带，将所有的人，不论是长者，还是年轻人，紧紧联系在一起，为代际传承搭建了良好的平台。年长者像是一部部活着的地方文化史书，他们的经验和记忆是宝贵的财富；年轻人则像是充满活力的文化探索者，通过这样的交流，共同传承地方文化的火种。

数字技术为地方文化传承带来了前所未有的机遇。在当今这个数字化时代，利用数字技术能够精确地记录和完好地保存地方文化遗产，像是为地方文化遗产穿上了一层坚固的防护服，使其免受时间侵蚀、环境破坏等因素的影响。无论是古老的建筑、珍贵的文物，还是那些濒临失传的民间技艺，都可以通过数字技术将其转化为数字档案，永久地保存下来。同时，互联网等媒介就像是一条条信息高速公路，通过这些媒介进行传播，能够为地方文化遗产插上翅膀，使其跨越地域的限制，使更多的人了解和参与其中，让地方文化在数字世界里焕发出新的光彩。

政府在地方文化传承中扮演着至关重要的舵手角色，应大力加强对地方文化传承的法律保护和政策支持，利用相关的法律法规，保护文化遗产不受侵犯。通过制定法律法规，有效地遏制非法的文化侵犯行为，为地方文化传承营造一个安全稳定的环境。同时，政府提供的经济支持和奖励措施也像一场及时雨，滋润着地方文化传承的土壤。总之，政府采取各种激励措施，能够鼓励各类机构和个人积极参与到地方文化传承的保护和研究工作中来，让地方文化传承的事业充满活力和动力。

文旅融合是地方文化传承的新引擎，要做好文旅融合发展这篇大文章，绘制一幅幅绚丽多彩的文化画卷，通过打造更多具有地方特色的标志性文旅融合新产品、新服务、新业态，在这幅画卷上添加更多的色彩和元素。在旅游活动中，每一位游客就像是一位文化探索者，从他们踏入当地的那一刻起，就开始了解和体验地方文化。而当地的自然风光、历史古迹、民俗风情等都像是一本本生动的文化教科书，游客们在游玩的过程中不自觉地成为地方文化的传播者，从而促进地方文化的传承和发展，让地方文化在旅游的浪潮中乘风破浪，走向更广阔的世界。

总之，地方文化传承需要遵循历史延续性、人的参与、适应性和创新性、多样性和包容性等原则，并通过加强教育、社区活动、数字化传承、政策支持以及文旅融合等方法来实现。这些原则和方法如同一个有机的整体，相互关联、相互促进，缺一不可，它们共同构成了地方文化传承的完整体系，推动着地方文化传承不断向前发展。

第三章

高校图书馆的文化本质

# 第一节　高校图书馆文化的内涵

高校图书馆文化的内涵渗透在图书馆在长期为读者服务的管理活动过程中，逐渐形成和建立起来的各种价值观念、行为规范、管理作风、精神面貌、道德标准、思想意识等各方面的文化因素，可分为内因文化和外因文化。前者是指由职责本身所产生的物质文化、制度文化、精神文化等；后者指图书馆所拥有的各类文献信息知识隐含的文化及其揭示与传播行为，如导向功能、文化积淀与传承以及开放与包容等。高校图书馆文化内涵构成具体要素及具体内容如表 3-1 所示：

**表 3-1　高校图书馆文化内涵要素构成及具体内容**

| 内涵层面 | | 内涵要素 | 具体内容 |
|---|---|---|---|
| 内因文化 | 物质文化 | 馆舍设施 | 包括图书馆的馆舍设计、建筑风格、内部布局等。现代化的图书馆通常拥有宽敞明亮的阅读空间、舒适的座椅、便捷的借阅设施等，为读者提供良好的阅读环境 |
| | | 技术设备 | 这是其物质文化的重要组成部分。包括先进的图书管理系统、电子阅读设备、自助借还书机等，这些设备不仅提高了图书馆的服务效率，也提升了读者的阅读体验 |
| | | 文献资料 | 图书馆的文献资料是其物质文化的核心。包括纸质图书、期刊、报纸、电子资源等，涵盖了各个学科领域，为读者提供了丰富的知识来源 |
| | | 借阅环境 | 这是其物质文化的重要体现。一个整洁、安静、有序的借阅环境有助于读者集中注意力，提高阅读效率 |
| | 制度文化 | 管理制度 | 这是其制度文化的基础。包括图书借阅规则、读者行为规范、图书馆员工作职责等，旨在确保图书馆的正常运行和读者的合法权益 |
| | | 服务规范 | 这是其制度文化的重要组成部分。包括服务态度、服务流程、服务时间等，旨在为读者提供高效、便捷、优质的服务 |
| | | 借阅规则 | 这是其制度文化的核心。包括借阅期限、借阅数量、续借方式等，旨在保障图书资源的合理利用和读者的借阅权益 |

（续表）

| 内涵层面 | | 内涵要素 | 具体内容 |
|---|---|---|---|
| | 精神文化 | 办馆理念 | 这是其精神文化的核心。包括以人为本、服务至上、知识共享等理念，旨在为读者提供一个开放、包容、共享的知识空间 |
| | | 价值观念 | 这是其精神文化的重要组成部分。包括尊重知识、尊重读者、尊重创新等价值观，旨在引导读者树立正确的阅读观念和学习态度 |
| | | 职业道德 | 这是其精神文化的具体体现。包括诚实守信、勤勉尽责、热情服务等职业道德规范，旨在提高图书馆员的职业素养和服务水平 |
| 外因文化 | 导向功能 | 人文素质教育 | 图书馆通过收藏和展示与思政教育相关的图书和资料，引导读者树立正确的世界观、人生观和价值观 |
| | | 知识传播 | 图书馆作为知识传播的重要场所，通过提供丰富的文献资料和便捷的借阅服务，促进知识的传播和共享 |
| | | 文化引领 | 图书馆通过举办各种文化活动，如读书会、讲座、展览等，引领读者关注社会热点、了解文化动态，提高文化素养和审美能力 |
| | 文化积淀与传承 | 文化遗产保护 | 通过收藏和保存珍贵的文化遗产，如古籍、手稿、艺术品等，为后人留下宝贵的历史记忆和文化财富 |
| | | 学术成果传承 | 通过收藏和展示各个学科领域的学术成果，促进学术研究的深入发展和学术成果的广泛传播 |
| | | 多元文化 | 通过收藏和展示来自不同国家和地区的图书和资料，促进多元文化的交流和融合 |
| | 文化传承与教育 | 读者服务 | 图书馆欢迎来自不同背景、不同领域的读者进入学习、交流和思考，为读者提供一个开放、包容的学习空间 |
| | | 搭建平台 | 鼓励读者进行创新思维和创造力的发展，为读者提供一个自由、平等、多元的交流平台 |
| | | 教育实践 | 通过举办各种文化传承教育活动，如传统文化讲座、手工艺制作等，引导读者了解和传承中华优秀传统文化 |

根据表 3-1，图书馆的文化内涵包括物质文化、制度文化等多个层面的多个文化因素，是一个彼此相互关联、相互渗透的有机整体，各因素共同塑造了图书馆独特的文化氛围和价值观念。

# 第二节　高校图书馆文化的本质

根据高校图书馆的文化内涵，可以从以下几个方面理解其本质。

## （一）知识传承与创新的载体

高校图书馆作为学术研究与教学所需文献信息知识的重要支撑，它核心的文化本质是知识传承与创新的载体。图书馆通过搜集和保存大量的文献资源，包括纸质图书、期刊、报纸、电子资源等，为师生提供丰富的学习与研究素材，包括各学科领域的基础知识与最新的研究成果和学术动态，这使得图书馆成为学术传承与创新的重要基地。

## （二）学术研究与交流的平台

高校图书馆不仅是文献资源的宝库，更是学术研究与交流的重要平台，通过提供安静、舒适的学习环境和便捷的借阅服务，为师生创造良好的学术氛围。同时，还通过举办学术讲座、研讨会等活动，促进学术交流与合作，推动学术研究的深入发展。这种平台作用使图书馆成为学术研究与创新的孵化器。

## （三）人文关怀与价值观的体现

高校图书馆的文化本质还体现在其人文关怀与价值观的传递上。图书馆不仅关注知识的传承与创新，更注重培养师生的文化素养和审美能力。通过提供丰富的文化活动和展览，引导师生关注社会热点、了解文化动态，提高文化素养和审美能力。同时，还通过制定规章制度和服务准则，传递尊重知识、尊重读者、尊重创新等价值观，为师生树立了良好的行为榜样。

## （四）开放与包容的文化氛围

开放与包容的文化氛围也是高校图书馆的文化本质表现形式。图书馆欢迎来自不同背景、不同专业的师生进入学习、交流和思考。这种开放与包容的文化氛围不仅促进了学术交流与合作，还激发了师生的创新思维和创造力。同时，还通过与出版社等其他文化机构的合作与交流，拓宽师生的文化视野和学术视野。

### （五）文化传承与创新的结合

高校图书馆在文化传承与创新方面也发挥着重要作用。一方面，通过搜集和保存文化遗产和学术成果，为后人留下宝贵的历史记忆和文化财富。另一方面，通过引入新的技术和方法，如数字化、智能化等，推动图书馆服务的创新和发展，使得图书馆成为学术研究与文化交流的重要场所。

# 第三节　新时代高校图书馆在文化传承中的
## 使命与责任

　　一直以来，高校图书馆在文化传承中都占据着举足轻重的地位，扮演着极为重要的角色。在当今全球化快速发展、文化多元碰撞交融以及信息技术日新月异的时代背景之下，作为文化传承与创新的重要阵地，更是肩负着保存与传播文化、涵育文化自信、推动文化创新等多方面的不可或缺的重要使命与责任。

## 一、保存与保护

　　作为各高校的文献信息保障中心，高校图书馆是一座巨大的文化知识仓库，拥有丰富的知识和信息资源，涵盖了纸质书刊和电子资源等多种形式，是中华优秀传统文化得以保存、搜集、传播的关键场域。同时，它也是一个文化宝藏的保存与守护者，不断精心搜集、妥善保存和传承纸质图书、古籍、手稿以及艺术品等各类文化遗产。在那些古老的纸质书籍中，每一页都承载着历史的记忆，历经岁月沉淀下来的古籍善本，每一个文字、每一幅插图都仿佛在诉说着过去的故事；而电子资源，包含了海量的学术文献、电子书籍以及各类多媒体资料，像是一扇通往无尽知识海洋的大门，吸引着人们进入知识的海洋里遨游。这些都是人类智慧在现代科技下的结晶，是文化传承的核心载体。高校图书馆要确保这些珍贵的文化资源能够得以延续，成为连接过去与现在、现在与未来的文化纽带。例如，吉林大学图书馆，依托自身特色的古籍、特藏资源，建立了中华传统典籍文化传承创新中心。为了能让更多的人接触到这些珍贵的文化遗产，该图书馆运用现代技术手段，将珍贵的古籍文献转化为电子资源。这样，无论是校内的师生，还是校外的公众，都能够轻松地在线查阅，为传承发展中华优秀传统文化作出了积极贡献，为古老文化注入了新的活力，让更多的人能够感受到传统文化的魅力与深度。

　　此外，图书馆还担负着文化遗产保护与利用的重要任务。在古籍保护方面，经过长期的专业实训，图书馆古籍修复技术人员掌握了精湛的修复技艺，凭借专业的修复技术和先进的修复设备，从纸张修复、字迹还原到装订成册，对每一个环节都一丝不苟，实现修复如旧。在非物质文化遗产保护方面，图书馆则承担着记录与传承的重要责任，通过采访民间艺人、录制传统技艺的操作过程、整理非物质文化遗产的相关传说和故事等方式，为非物质文化遗产留下珍贵的资料。同时，图书馆还可以通过举办非物质文化遗产传承人的培训活动，培养更多的专业人才，为文化遗产的保护和传承源源不断地注入新的活力。

高校图书馆绝非一个简单存放知识的仓库。在文化传承的宏大叙事背景下，针对传统文化所涵盖的诸多领域，尤其是历史、文学、艺术和哲学文献资源，高校图书馆要注重支持学术研究和创新，不仅为师生读者营造良好的研究氛围，设立专门的研究空间，提供充足的照明，流畅的网络连接，还要提供丰富的研究工具和海量的文化资源，方便学术研究，如收藏古代典籍、现代学术著作等纸质书籍，购买各类涵盖不同学科领域的专业数据库等。通过全方位的支持工作，促进学术成果产出，让我国文化传承与创新工作不断得以推进，走深走实。

高校图书馆采用多种方式对文化资源进行传播、活化和利用。如借阅服务，这是最为基础、最为传统的传播方式，随着每一本书被借出，一颗文化的种子便通过读者的阅读行为，被带到校园的各个角落，然后，在读者生命中生根发芽、开花结果。再如举办文化展览，通过不同主题的展览展示，可以将不同类型的文化资源以直观、生动的形式展现出来，吸引读者关注与利用。比如，举办一场关于古代书法艺术的展览，将古代书法名家的真迹或者高仿品展示出来，同时配以详细的文字介绍，从书法的历史渊源、艺术风格到书写者的生平故事等，可以让更多的人近距离接触到传统文化的瑰宝，从而深入地了解传统文化的博大精深。

## 二、涵养文化自信

习近平总书记深刻地指出，图书馆是滋养民族心灵、培育文化自信的重要场所。高校图书馆可以凭借其丰富的文化资源，为广大师生读者搭建学习、研究和深入了解传统文化的平台，师生读者可以通过阅读经典文献开启一场穿越时空的文化之旅：翻开《论语》，仿佛能看到孔子及其弟子围坐讲学的场景，耳边回响起那些充满智慧的语句；研读《史记》，又能领略到古代史家笔下波澜壮阔的历史画卷。

作为天然的传统文化教育重要阵地，高校图书馆通过组织丰富多彩的活动形式，进行文化信息知识教育普及，助力师生文化素养提升。在参与文化活动的过程中，师生们能够更加深刻地体会传统文化的内涵和价值，增强对传统文化的认同感和自豪感，从而在内心深处培育起坚定的文化自信。例如，开设各类讲座，邀请在传统文化研究领域具有深厚造诣的国内外知名的专家学者，以生动有趣、深入浅出的方式讲解传统文化中的经典著作、历史事件或者传统技艺等内容，让学习者在思想的碰撞中加深对传统文化的深刻理解；组织诗词朗诵会，一句句优美的诗词通过朗读者富有情感的演绎，能够将传统文化的韵律美和意境美展现得淋漓尽致，深入人心；创办工作坊，组织师生前来亲自动手参与到与传统文化相关的创作或者实践活动中，如书法临摹、传统手工艺制作等，可以使其更加深入地理解传统文化内涵；成立读书会，为热爱阅读的师生提供了一个交流分享平台，大家在这里共同研读传统文化经典，交流读书心得，碰撞思想火花。

年轻一代是祖国文化传承事业的未来，在这个信息爆炸的时代，面对多元文化的冲击，高校图书馆更要肩负起文化育人的重任，引导他们了解和领略传统文化的无穷魅力和内涵价值，培养对自身文化的自信心、认同感，使传统文化的火种在年轻一代得以承续。如哈尔滨工业大学图书馆，精心策划名为"博古通今，文化传承"的传统文化知识竞赛，使学生们在轻松愉快中受到文化知识的熏陶，激发了学生对传统文化的兴趣、热爱和主动追求、学习意识，成为文化传承的新生力量。

## 三、提升读者整体文化素养

阅读是打开文化大门的钥匙，而图书馆则是提供这把钥匙的地方。高校图书馆就像是一位教授文化素养课的导师，有责任通过提供优质的阅读资源和贴心的服务，来提升公众的文化素养和审美能力。例如，中国矿业大学图书馆定期举办读书节、读书沙龙等活动，吸引着众多读者前来参与。在活动中，图书馆或邀请文学家、艺术家与读者面对面交流，或组织学生之间进行阅读心得交流。他们分享自己的阅读心得和研究经验，讲述一个个文化背后的故事。学者们则从专业的角度解读文化作品，为读者打开新的视野。这些活动激发了读者的阅读兴趣和创作热情，在阅读和交流的过程中不断提升自己的文化素养。

## 四、促进文化多样化发展

高校图书馆对于文化多样化发展的促进作用，包含保护与展示少数民族文化和促进国际文化交流两个方面。

### （一）保护与展示少数民族文化

高校图书馆是多元文化的守护者。在我国这样多民族、多元文化交融共生的大环境中，每一个民族都有其独特的文化表现形式，少数民族文化是中华民族文化宝库中璀璨的明珠。高校图书馆可以通过广泛搜集少数民族的文献资料，如古老的神话传说，民间故事的手抄本，用少数民族文字记载的历史典籍、宗教经典等，保护少数民族的文化遗产。同时，对少数民族的艺术品进行精心整理和展示，例如精美的民族服饰、独特的手工艺品、富有民族特色的绘画和音乐作品等，使师生及其他文化爱好者可以近距离地接触到少数民族文化的独特魅力。同时，为不同民族文化搭建起理解和尊重的桥梁，进而促进文化的多样性发展，让每一种民族文化都能在多元文化的舞台上绽放光彩。

### （二）促进国际文化交流

在全球化日益深入的今天，文化的交流与碰撞成为常态，不同文化之间的相互理解和融合变得尤为重要。高校图书馆通过举办各种形式的展览、讲座、研讨会等活动，化身为文化交流使者，为不同文化之间的交流与融合搭建平台、创造机会，并积极地将中国博大精深的传统文化介绍给国际社会：在展览中，充分展示中国传统的书画艺术、古老的文物复制品以及传统的民俗文化用品等，让国际友人直观地感受到中国传统文化的独特韵味；在讲座中，邀请国内外精通中国文化的专家学者，用不同的语言向国际听众讲述儒家思想、中医文化等中国传统文化的精髓；在研讨会中，为中外学者提供深度交流的平台，就中国传统文化与世界其他文化之间的关系、相互借鉴等问题展开深入探讨。同时，图书馆还引进国外的经典文学作品、艺术作品、学术研究成果等优秀文化成果，并通过翻译、座谈等方式，使国内师生和文化爱好者接触到世界多元文化的精华，从而促进文明交流互鉴，使不同文化在交流中共同发展进步。如北京大学图书馆举办盛大的国际文化节，组织来自不同国家的留学生们化身为文化使者，展示各自国家的文化。并通过美食的香气、音乐的旋律、舞蹈的姿态等，带领师生们进行了一场跨越国界的文化之旅，近距离地感受不同文化的独特之处，从而增进对不同文化的了解和尊重。

## 五、创新文化传承方式

高校图书馆对文化传承方式创新主要体现在数字化、网络化和新技术应用方面。

### （一）数字化

传统文化资源丰富而繁杂，有古老的典籍、历史文物的图文资料、民间艺术的影像记录等。在这个数字化时代，高校图书馆可以发挥自身优势，利用现代技术手段，将传统文化资源进行数字化处理，为其插上飞翔的翅膀，使其能够跨越时空，实现更加便捷地传播和共享。

### （二）网络化

图书馆要建立完善的网络服务平台，使读者不论身在何地，都可以轻松访问到自身的数字化文化资源，在线阅读珍贵的古籍善本，观看传统文化纪录片，下载相关学术研究资料等，为远程学习和研究提供便利，让传统文化透过网络这个平台焕发出新的生机与活力。

## 六、推动文化创新

科技不断飞速发展，文化也需要与时俱进，图书馆则是推动文化创新的重要力量。高校图书馆应当成为文化创新的源头活水，通过积极引入新技术、新方法，推动文化资源的数字化、智能化和个性化服务，以满足新时代读者日益多样化的文化需求。传统文化与现代科技结合可以创造出许多新可能性。比如，利用虚拟现实（VR）和增强现实（AR）技术重现古代历史场景，让人们仿佛穿越时空亲身体验传统文化的魅力；将传统文化元素融入现代艺术创作中，如在现代建筑设计中融入传统建筑的美学元素，或者在现代音乐创作中融入传统音乐的旋律和节奏等；与管理领域相结合，则可以从传统文化中汲取管理智慧，应用于现代企业管理或者社会治理之中。这种跨学科的融合拓宽了传统文化的应用领域，让传统文化在现代社会的各个角落都能展现出强大的生命力和广泛的影响力。因此，高校图书馆应积极鼓励跨学科的研究和学习，推动传统文化与现代科技、艺术、管理等领域相结合。

例如，福建农林大学图书馆、华南农业大学图书馆充分利用虚拟现实（VR）、增强现实（AR）等前沿技术，精心打造了沉浸式阅读体验区。当读者进入这个体验区时，仿佛穿越到了历史的长河之中。他们可以在虚拟环境中亲身体验历史事件的波澜壮阔，感受文化场景的独特氛围。这种创新的阅读方式，不仅增强了文化的吸引力和传播力，更像是为文化注入了创新的基因，让文化在新时代焕发出新的活力。

# 七、促进跨学科交流

高校图书馆可以通过整合多学科教学资源，精心策划，为师生们创造知识融合的创新环境，打破学科之间的壁垒，促进跨学科交流。如将文学与科学、艺术与技术等不同学科的纸质资源按照研究团队需求随机整合在一起，使研究团队可以从中获取到跨学科的知识，形成交叉学科思维，并激发创意。

近年来，校企融合、产学研合作成为高校教育适应生产力、不断创新发展的重要举措。图书馆可以在企业、高校和科研机构之间搭建沟通桥梁，促进知识交流与成果转化，推动产学研深度融合、逐步走深走实。比如，本书作者曾为徐州维维股份企业组织文创大赛搭建交流平台，企业的研发人员从中获得启发，将新技术与传统文化元素相结合，开发出具有创新性的漫悦时光产品。

鼓励师生在传承传统文化的基础上进行创新，推动中华优秀传统文化的创造性转化和创新性发展。本书作者长期以来，通过组织开展徐州历史文化传承普及活动，引导在徐高校师生关注并深入开展徐州历史文化的传承创新及思政、美学、劳动、实践等教育创新。这种创新不只是形式上的创新，更是内涵上的升华，让传统文化在现代社会中焕发出新的生机与活力。

总之，在新的时代，高校图书馆就像一个多功能的文化引擎，在文化传承中承担着多方面的重要使命与责任，为构建和谐社会、推动文化繁荣作出了不可忽视的重要贡献。

# 第四节　高校图书馆地方文化资源建设现状

高校图书馆是高等学府的知识汇聚之所、智慧孕育之地，是学校极为重要的资源库。在现代教育体系和文化传承的大框架下，其价值不仅体现在为教学科研提供广泛的学科文献信息知识，还在于积极投身于地方历史文化资源的搜集与保护等。

## 一、资源类型

根据不同的资源类型，以下对高校图书馆地方文化资源建设概况展开详细的分析。

### （一）古籍文献

在众多高校图书馆的馆藏中，古籍文献占据着独特而又重要的地位。这些古籍文献犹如历史长河中的明珠，穿越岁月的尘埃，闪耀着智慧的光芒。它们不仅是古老纸张上的文字记录，更是具有极高学术价值的宝藏，是地方历史文化得以传承和延续的关键载体。每一本古籍背后都蕴含着一个时代的风貌、人们的思想以及当时当地的文化特征。例如，四川大学图书馆，拥有令人瞩目的珍贵古籍特藏文献达 26 万余册，涵盖了从唐代以来的各个时期各种稿本、抄本。这些稿本和抄本或是学者大家的心血之作，或是文人墨客的即兴手稿，散发着独特的历史韵味；还有相当数量的宋、元刻本，在印刷技术尚不发达的古代，这些刻本无疑凝聚着工匠们的高超技艺，版本的准确性、印刷的精美程度都堪称一绝，为深入研究地方历史文化提供了不可多得的宝贵资料。

### （二）地方志与家谱

地方志和家谱宛如一幅幅地方历史文化画卷，详细地描绘着一个地方的前世今生，是了解一个地方历史、文化、风俗、人物等信息的重要资料源泉。其中，地方志如同一部地方存在发展的百科全书，详细记载了一个地区的地理风貌、历史变迁、政治经济、文化风俗等方方面面的信息；而家谱则像是家族的生命脉络，记录着家族的起源、发展、家族成员的事迹以及家族的传统和家规家训等内容。部分高校图书馆敏锐地察觉到这些资料的重要性，积极地搜集并妥善保存这些资料，以便为校内的师生提供研究素材，支持他们深入探究地方文化。

### （三）非物质文化遗产文献

非物质文化遗产是地方历史文化不可或缺的重要组成部分，涵盖了口头传统、表演艺术、社会实践、仪式和节庆活动等多元的内容。口头传统像是古老的民间传说、神话故事，在一代又一代人口口相传中延续着民族的记忆；表演艺术包括了各种各样的民间舞蹈、音乐、戏曲等，它们以独特的艺术形式展现着地方人民的情感与创造力；社会实践、仪式和节庆活动反映了当地人民的生活方式、价值观念和社会结构。一些具有前瞻性的高校图书馆意识到非物质文化遗产文献的珍贵性，会积极搜集与之相关的文字记录、影像资料等。这些资料犹如一面镜子，真实地反映着非物质文化遗产的形态和传承过程，对于保护和传承这些珍贵的文化遗产具有不可替代的重要意义。

### （四）历史报纸、照片与地图

历史报纸、照片与地图就像时间的切片，精准地记录着地方历史的发展轨迹。历史报纸像是社会的晴雨表，反映着当时的政治、经济、文化等方面的新闻事件和社会动态；照片则以直观的图像形式定格了某个瞬间的场景、人物形象或者重大事件，让人仿佛能够穿越时空，亲身感受当时的氛围；地图则像是一幅精确的导航图，不仅展示着地方的地理地形，还反映着城市、乡村的建设发展以及行政区划随着时间推移而变迁等情况。这些资料是研究地方历史文化不可或缺的珍贵资料，部分高校图书馆将这些资料进行收藏，以供师生随时查阅和了解地方的历史变迁。

## 二、资源建设现状

### （一）资源的丰富性

在当今知识大爆炸的时代背景下，高校图书馆作为信息知识的宝库，在地方文化资源建设方面也积极发挥着自身的作用，并且取得了一定成果。在馆藏中，包含了大量与地方文化相关的图书、期刊、报纸等纸质资源，每一本都像是一座小型的地方文化宝藏，记录着当地的点点滴滴。例如，有些书籍详细地描述了地方历史上发生的重大事件、著名人物的传奇故事；期刊则像一扇扇窗口，定期展示着地方文化研究的最新成果、地方民俗文化的传承与变迁等动态信息；报纸更是以其及时性，捕捉着地方文化相关的新闻事件、文化活动等即时资讯。

同时，随着信息技术的飞速发展，电子图书、电子期刊、数据库等数字化资源也成为了高校图书馆地方文化资源的重要组成部分。这些数字化资源犹如一张无形的大网，将海量的地方文化信息编织在一起。电子图书以其便捷的存储和阅读方式，让读者可以随时随地在电子设备上探索地方文化的奥秘；电子期刊则借助网络平台，加速了地方文化研究成果的传播速度；数据库更是像一个超级知识库，整合了来自不同渠道的地方文化数据，涵盖了地方历史、地理、文化、民俗等多个方面，无论是古老的地方传说，还是现代的地方文化产业发展情况，都能在其中找到相关信息，为师生提供丰富的信息资源。

## （二）资源更新与维护

资源的时效性和准确性对于读者十分重要，图书馆注重地方文化资源的更新与维护。在纸质资源方面，图书馆会定期购买新书、订阅期刊。采购人员会在各大图书市场、出版社之间穿梭，精心挑选与地方文化相关的优质新书，确保图书馆能够及时跟上地方文化研究的最新潮流，以及地方文化发展的新动态。对于期刊的订阅，也是经过深思熟虑，选择那些在地方文化领域具有权威性、代表性的期刊，以保证为读者提供高质量的信息来源。

随着信息技术的不断更新换代，数字化资源也需要持续更新。图书馆会与各大数字资源供应商保持密切合作，及时更新数据库中的内容，确保数据的准确性和完整性。同时，图书馆还加强对地方文化资源的分类、编目、索引等工作，这就好比是给杂乱无章的信息穿上整齐的"制服"，并贴上清晰的"标签"。通过专业的分类方法，将地方文化资源按照历史时期、地域范围、文化类型等进行细致划分；编目工作则为每一份资源建立详细的档案，记录其基本信息、来源、内容概要等；索引则像是一张便捷的地图，让读者能够迅速定位到自己需要的资源，从而提高资源的可获取性和利用率。

## （三）数字化

随着信息技术的快速发展，数字化资源在图书馆中的角色变得越来越举足轻重。为加强利用，传统的纸质资料被转化为方便快捷的电子资源。许多高校图书馆积极顺应这一时代潮流，大力推进数字化资源建设。古籍文献、地方志、非物质文化遗产文献等珍贵的资料不断转变为数字化形态。这使地方文化资源文献的利用打破了时间和空间的限制，师生们无论身处何地，都能轻松查阅到所需的资料，极大地方便了师生们的查阅和使用，也为地方历史文化资源的广泛传播和深入研究奠定了坚实的基础。

### （四）建设特色馆藏

一些高校图书馆会根据自身所在地区独特的文化特色，积极地搜集并精心展示地方历史文化资源，从而形成别具一格的特色馆藏。如四川大学的人文历史博物馆，收藏有丰富的书画作品，这些书画或是古代大师的传世之作，或是地方民间艺人的匠心独运之作，每一幅书画都展现着独特的艺术魅力；还有精美的陶瓷，也见证了不同历史时期的制陶工艺发展，从古朴的陶器到精美的瓷器，都承载着历史的记忆；美术雕刻作品则以立体的形式展现着艺术家的想象力和创造力；民族文物、民俗文物更是像一部部生动的史书，讲述着西南地区各个民族的独特文化、传统习俗以及民族间的交流融合等故事，全方位展现了西南地区的历史民俗风物。

## 三、案例分享

### （一）四川大学图书馆

四川大学图书馆不仅拥有数量众多、种类丰富的古籍文献资源，还积极打造了"六馆一廊"（校史展览馆、人文历史博物馆、自然博物馆、中国口腔医学博物馆、医学展览馆、美术馆、历史文化长廊）等文化资源平台。这些平台就像一个个文化的展示窗口，充分展示了四川大学以及其所在地区悠久的历史文化风貌。校史展览馆像是一部生动的校史教材，详细讲述了四川大学从创立至今的发展历程，展现了学校在不同历史时期的教育理念、学术成就以及对社会的贡献；人文历史博物馆则将地方的人文历史以实物、图像等形式全方位地呈现出来；自然博物馆展示了当地丰富的自然资源和生态环境的演变；中国口腔医学博物馆则体现了四川大学在口腔医学领域的卓越成就；医学展览馆讲述着医学发展的历史脉络；美术馆展示着各类艺术作品的魅力；历史文化长廊则像是一条穿越时空的文化纽带，将各个时期、各个方面的文化元素串联在一起，让人漫步其中，仿佛穿越了历史的长河，深刻感受到四川大学及所在地区深厚的文化底蕴。

### （二）北京大学图书馆

北京大学图书馆是一座具有深厚文化积淀的学术殿堂，同样拥有丰富的古籍文献资源。其中，150万册中文古籍像是一座巨大的文化宝库，静静地诉说着中华民族的历史与文化，尤为珍贵。这些古籍不只是文字的堆积，更是中华民族文化瑰宝的重要组成部分，涵盖了经、史、子、集等各个方面，从哲学思想到文学艺术，从历史记载到科学技术，无所不包，为深入研究地方历史文化提供了重要依据，也为学者们打开了一扇了解古代社会、文化、思想等方面的大门。

总之，高校图书馆在地方历史文化资源建设方面发挥着不可替代的作用。通过不断加强数字化资源建设、特色馆藏建设，为学术研究与教学提供支持以及积极履行社会服务与文化传承等方面的努力，高校图书馆如同明亮的灯塔，为地方历史文化的传承与发展照亮前行的道路，作出了积极而卓越的贡献。

# 第五节　高校图书馆地方文化资源搜集、整理与保存

　　高校图书馆在地方历史文化资源的搜集、整理与保存方面扮演着至关重要的角色。地方历史文化资源是一个地区独特的文化印记，它承载着往昔岁月里人们的生活智慧、社会风貌以及地域特色，犹如一座丰富的文化宝藏。而高校图书馆，作为知识的汇聚地和文化传承的重要枢纽，其在地方历史文化资源相关工作中的地位不可小觑。以下是关于这一现状的详细分析。

## 一、搜集现状

### （一）积极投入

　　在当今文化传承意识逐渐觉醒的时代背景下，高校图书馆普遍认识到地方历史文化资源的重大价值，深知这些资源对于学术研究、文化传承以及丰富馆藏的重要意义，所以不仅组织专门的搜集团队，还拨出特定的经费用于资源采购、征集等工作，积极投入人力物力，对街巷中古老的私人藏书或是偏远乡村里可能存在的历史文献，深入开展搜集工作。

### （二）多样化资源

　　高校图书馆地方文化资源搜集类型多样。其中，古籍蕴含着古人的智慧结晶，见证着一个时代思想、文学或者学术的辉煌。地方志则详细记录着当地的地理、历史、风俗、人物等各个方面的信息。而家谱则是家族血脉传承的记录，透过它可以追溯家族的发展脉络，了解家族在地方发展历程中的角色。非物质文化遗产文献则是活态文化的文字记录，例如传统手工艺的制作方法、民间故事、传统节日的习俗等，这些都在非物质文化遗产文献中得以保存。历史报纸如同时间的切片，反映着当时当地的政治、经济、文化等各方面的即时信息。照片则以直观的图像形式定格了过去的瞬间，无论是古老建

筑的风貌，还是人们往昔的生活场景，都在照片中得以留存。地图则是地域空间的描绘者，从古代的简易地图到现代的精确测绘图，反映着地方地理空间的演变和发展。这些资源共同构成了丰富的地方历史文化资源体系。

### （三）特色化收藏

一些高校图书馆根据自身所在地区的独特魅力和文化特色，积极搜集并展示具有地方特色的历史文化资源，形成特色馆藏。例如，位于少数民族聚居地区的高校图书馆，会着重搜集少数民族的历史文化资料，像古老的民族史诗、独特的民族服饰制作工艺文献、少数民族的传统医药典籍等。这些特色馆藏不仅丰富了图书馆自身的文化内涵，也成为展示地方特色文化的一个重要窗口，吸引着更多的人关注和了解当地的独特文化。

### （四）合作与共享

为全面深入开展地方历史文化资源搜集，高校图书馆积极与其他文化机构、研究机构等开展合作。例如，与当地的博物馆合作，双方可以互相补充藏品信息，博物馆的实物展品与图书馆的文献资料相结合，能够为研究地方历史文化提供更全面的视角；与研究机构合作，可以借助研究机构的专业研究力量，更精准地定位和搜集有价值的地方历史文化资源。通过这种合作，共同搜集、整理地方历史文化资源，实现资源共享和优势互补，打破了各个机构之间的信息壁垒，使得地方历史文化资源的搜集工作能够在更广泛的范围内开展。

## 二、整理现状

### （一）分类与编目

对搜集到的地方历史文化资源进行分类与编目，就如同为每一个文化元素找到它在知识体系中的准确位置，是一项复杂而细致的工作。工作人员需要根据不同资源的类型、年代、地域等多方面因素进行分类。例如，对于古籍，可能会按照朝代、学科领域（如经史子集）等进行分类；对于地方志，则按照地域行政区划进行归类；对于家谱，根据家族姓氏或者家族所在地等进行划分。编目工作更是要详细记录每一个资源的基本信息，如书名、作者、版本、出版年代、收藏来源等，方便师生查阅和使用。这就为每一本珍贵的书籍或者资料制作了一张详细的身份卡片，使用者可以通过这张卡片快速准确地找到自己所需的资源。

### （二）数字化处理

随着信息技术的快速发展，数字化处理成为地方历史文化资源整理的重要方向。在这个数字化时代，人们获取信息的方式发生了巨大变化，高校图书馆也积极顺应这一趋势。许多高校图书馆将古籍文献、地方志等转化为数字化资源，这一过程涉及高精度的扫描技术、图像识别技术以及数据存储技术等。通过数字化处理，这些古老的文化资源得以以新的形式焕发生机。师生们无需再到图书馆的特定区域去查找纸质资料，只需在网络上轻轻一点，就可以在线查阅这些珍贵的地方历史文化资源，大大提高了资源的利用效率，也为文化的传播提供了更便捷的途径。

### （三）保护与修复

对于珍贵的地方历史文化资源，高校图书馆还进行专业的保护与修复工作，确保这些资源的长期保存和有效利用。古籍可能因为年代久远而纸张脆弱、字迹模糊，高校图书馆会配备专业的古籍修复师，他们如同文化遗产的守护者，运用传统的修复技艺，如补纸、托裱、修复虫蛀等，精心呵护每一本古籍。对于那些可能因受潮、发霉而受损的地方志等文献，图书馆会采用现代的保护技术，如建立适宜的保存环境、使用特殊的防潮防霉材料等，确保这些资源能够尽可能地恢复原貌，并且在未来的岁月里保持良好的状态。

## 三、保存现状

### （一）物理保存

高校图书馆为地方历史文化资源提供适宜的物理保存环境，这是保护这些珍贵资源的基础工作，如同为脆弱的文化宝藏打造一个安全的港湾。恒温、恒湿的环境是必不可少的，通过先进的空调系统和湿度调节设备，使得保存空间的温度和湿度始终保持在一个稳定的范围内，避免因温度和湿度的剧烈变化对纸张、胶片等材料造成损害。防虫工作也是至关重要的，图书馆会采用防虫药剂、防虫网等多种手段，防止虫蛀现象的发生，因为一旦遭受虫蛀，珍贵的文献资料可能会遭受无法挽回的损失。防潮措施同样不可或缺，从建筑材料的选择到防潮设备的安装，都要确保资源不会受到潮气的侵蚀。这些措施共同为地方历史文化资源的长期保存提供了坚实的物理保障。

### （二）数字化备份

除了物理保存外，数字化备份也成为地方历史文化资源保存的重要手段。在当今信息社会，数据的安全性面临着各种各样的威胁，如自然灾害（地震、洪水等）可能会摧毁实体的馆藏，人为破坏（火灾、盗窃等）也可能使珍贵的地方历史文化资源化为乌有。而通过数字化备份，可以将这些资源以电子数据的形式存储在多个安全的地方，如异地的数据中心、云端存储等。这样，即使在遭遇自然灾害、人为破坏等情况下，这些资源仍能得到有效保护。数字化备份就像是给地方历史文化资源上了一份保险，为文化的传承提供了双重保障。

### （三）法规与政策

国家和地方政府也深刻意识到地方历史文化资源保护的重要性，出台了一系列法规和政策，支持高校图书馆开展地方历史文化资源的搜集、整理与保存工作。这些法规和政策犹如坚实的后盾，为高校图书馆提供了法律保障和政策支持。从资源搜集过程中的合法性规范，到整理保存工作中的标准制定，再到对相关工作的资金扶持等方面，法规和政策都起到了积极的引导和保障作用。例如，在资源搜集方面，其明确规定了哪些资源属于受保护的地方历史文化资源，以及合法的搜集途径和方式；在资金扶持方面，政府可能会设立专项基金，用于支持高校图书馆对地方历史文化资源的保护工作。

# 第六节　高校图书馆地方文化资源利用现状

　　高校图书馆地方文化资源的利用涉及资源利用情况、用户需求等多个方面，每一个方面都相互关联、相互影响，共同构成了当前高校图书馆地方文化资源利用的整体格局。

## 一、借阅量

　　根据不同高校的图书馆利用情况报告，地方文化资源的借阅量呈现出参差不齐的状况，一些高校图书馆的地方文化资源借阅量较高，这反映出在这些学校里，师生对地方文化有着浓厚的关注和强烈的需求。在这些高校中，可能有着浓厚的地方文化研究氛围，许多教师将地方文化融入教学和科研当中，引导学生去深入探索；学生们也受到这种氛围的感染，出于对家乡的热爱或者对地方文化研究的兴趣，积极借阅相关资源。而另一些高校则相对较低，这种情况的出现可能与多种因素有关。资源建设方面，如果图书馆的地方文化资源种类不够丰富、数量有限，那么可能无法满足师生的多样化需求，从而导致借阅量不高。此外，推广力度也是一个重要因素。如果图书馆没有对地方文化资源进行有效的宣传推广，很多师生可能都不知道图书馆有这些宝贵的资源。

　　需要注意的是，随着数字化阅读的兴起，纸质资源的借阅量普遍呈下降趋势。现代社会，人们越来越依赖电子设备，电子资源的便捷性使得很多读者更倾向于在电子设备上获取信息。然而，与之相对的是数字化资源的利用率却在不断提升。师生们可以通过电脑、平板电脑、手机等设备随时随地访问图书馆的数字化地方文化资源，无论何时何地，都能轻松获取知识。

## 二、用户需求

　　师生对地方文化资源的需求呈现出多样化的特点。一些学生和研究人员，需要深入了解地方历史、文化、民俗等方面的知识，以支持学术研究或社会实践。例如，历史专业的学生可能会深入挖掘地方历史资料，探寻当地古老文明的起源与发展脉络；民俗学的研究者则会聚焦于地方民俗文化的独特性，研究传统习俗背后的文化内涵、社会功能以及传承与变迁的规律。而另一些则可能出于兴趣或文化认同的需求，希望获取更多关于地方文化的信息。这些师生可能来自当地，对家乡的文化有着深厚的情感，他们希望通过阅读地方文化资源来加深对家乡的了解，增强文化认同感和归属感；或者他们仅仅是被地方文化的独特魅力所吸引，想要走进地方文化的世界，领略其中的风土人情、民间艺术等独特之处。

为此，图书馆需要贴心服务，提供丰富多样的地方文化资源，并加强资源的推广和宣传，提高用户的知晓度和利用率。图书馆加强资源揭示与推介，让师生了解馆藏情况。

## 三、服务创新

图书馆在地方文化资源的利用方面不断探索创新服务模式。例如，通过举办讲座、展览、阅读推广活动等，可以为师生打开了解地方文化资源的大门。讲座可以邀请地方文化领域的专家学者，他们知识渊博，能够带领师生深入了解地方文化的各个方面；展览则以直观的形式展示地方文化的魅力，如地方历史文物的复制品展览、民俗文化艺术展等，让师生可以近距离感受地方文化的独特韵味；阅读推广活动可以通过读书分享会、文化主题竞赛等形式，激发师生对地方文化资源的阅读兴趣。

同时，利用数字化技术构建在线检索系统、个性化信息推送服务等，提高资源的可获取性和便利性。在线检索系统就像是一个智能导航仪，师生只需输入关键词，就能快速找到自己所需的地方文化资源。个性化信息推送服务则根据师生的学科专业、阅读历史、兴趣偏好等因素，为他们精准推送相关的地方文化资源，让师生在信息的海洋中能够迅速获取到对自己有用的信息。

综上所述，高校图书馆在地方文化资源的利用方面取得了一定的成果，但仍存在一些问题和挑战，在地方文化资源利用方面也还有很大的提升空间，需要不断努力向着更好的方向发展。未来，图书馆应继续做好加强相关的资源建设、加大推广力度等方面的工作，更好地满足师生的需求。

# 第四章

## 存在的问题与挑战

# 第一节　资源搜集

## 一、种类多、出版量少、分散性强

地方历史文化资源犹如一座丰富而神秘的文化宝藏，涵盖了各种各样的形式。其中，古籍犹如历史长河中的明珠，承载着古人的智慧与文化底蕴；地方志像是地方的百科全书，详细记录着当地的地理、人文、风俗等各类信息；家谱则是家族传承的脉络，见证着家族的兴衰荣辱；非物质文化遗产文献则是那些即将消失或已经面临濒危的非物质文化遗产的文字记录，是传统文化的活化石。然而，这些资源的出版量相对较少，很多珍贵的地方历史文化资源只是以少量的版本存在。而且，它们分散于各个部门，比如可能分散在一些小型的地方文化研究部门、社会团体，甚至是私人收藏家的手中。这种分散性就像把宝藏的碎片散落在各个角落，给高校图书馆的搜集工作带来了犹如大海捞针般的困难。

## 二、收藏目标不明确

部分高校图书馆在地方历史文化资源的搜集工作上，缺乏系统性的规划和清晰的蓝图，就好像一艘没有航向的船，在茫茫的资源海洋中随意漂泊。由于没有明确的收藏目标，图书馆在搜集资源时往往没有重点。这容易导致在搜集过程中，一方面可能会对某些资源进行重复收藏，造成资源的浪费和存储空间的占用；另一方面，又可能会遗漏一些真正具有重要价值的资源，使得地方历史文化资源的完整性受到破坏。

## 三、收藏渠道单一

高校图书馆目前的收藏渠道比较狭窄，主要依赖于捐赠或者少数人员的外出搜集这种相对被动和有限的方式。捐赠往往具有不确定性，可能只是偶尔有一些热心人士或者社会团体将自己手中的资源捐赠给图书馆，而且捐赠的资源种类和数量难以预测。而少数人员的外出搜集，受到人力、物力和时间的限制，能够覆盖的范围非常有限。并且，高校图书馆与政府机构、地方史志办等部门缺乏长期稳定的合作关系。政府机构和地方史志办往往掌握着大量丰富且具有权威性的地方历史文化资源，由于缺乏合作，高校图书馆就难以获取这些资源，从而导致资源搜集不全、品种过少，就像一条小河难以汇聚成浩瀚的海洋一样。

## 四、推广力度不够

图书馆在地方文化资源的推广方面缺乏有效的手段和渠道，导致用户对这些资源的知晓度不高，利用率较低。很多师生可能并不知道图书馆有着丰富的地方文化资源，或者只知道有一些，却不清楚具体的内容和价值。比如，图书馆可能仅仅在馆内张贴了一些简单的宣传海报，或者在图书馆网站上有一些不太显眼的介绍，缺乏系统性、针对性的推广活动，难以吸引师生的注意力。

# 第二节　资源整理

## 一、专业人才匮乏

地方历史文化资源的整理工作是一项复杂而专业的任务，需要具备深厚专业知识和高超技能的人才。文献学领域的专家能够对古籍等文献进行版本鉴定、内容校勘等工作；档案学专家则可以对地方历史文化资源中的档案资料进行科学的分类、编目和管理；历史学专家能够从宏观的历史角度出发，对资源进行深入的解读和分析，挖掘其背后的历史价值。然而，目前高校图书馆在这方面的人才相对短缺。这就使得整理工作难以深入开展，就如同要建造一座宏伟的大厦，却缺少技艺精湛的工匠一样。

## 二、数字化程度低

在现代信息技术飞速发展的时代，数字化处理已经成为地方历史文化资源整理的重要发展方向。通过数字化，这些资源可以更加方便地被保存、传播和利用。但是，部分高校图书馆的数字化程度仍然较低。许多珍贵的地方历史文化资源，如古老的手稿、稀有的方志等，仍然以纸质或者其他传统形式存在，尚未实现数字化。这就给师生查阅这些资源带来了诸多不便。师生可能需要花费大量的时间在图书馆的书架间查找资料，而且由于资源的唯一性，可能会出现多人争用一份资料的情况，影响研究和学习的效率。

## 三、保护与修复难度大

对于一些破损严重的古籍文献等地方历史文化资源来说，保护与修复工作犹如拯救濒危的文物一样艰难。这些古籍文献可能由于岁月的侵蚀、保存不当等原因，出现纸张破损、字迹模糊等问题。而保护与修复它们需要专业的技术，比如纸张修复技术、字迹加固技术等，这些技术需要专业的培训和经验积累。同时，修复工作还需要大量的资金支持，从购买修复设备到聘请专业的修复人员，每一个环节都离不开资金的投入。然而，高校图书馆在这方面往往面临资金不足的困境，使得保护与修复工作难以有效开展。

# 第三节　资源保存

## 一、物理保存环境要求高

地方历史文化资源对物理保存环境有着严苛的要求。例如，需要恒温的环境，以防止温度过高或过低对资源造成损害，温度过高可能会加速纸张的老化，温度过低则可能会使纸张变脆；恒湿的环境也至关重要，湿度不当可能会导致纸张发霉或者干裂；同时还要防虫，虫子可能会蛀蚀纸张，破坏资源的完整性；防潮也是必不可少的，潮湿的环境容易使纸张受潮，进而影响资源的保存质量。然而，一些高校图书馆的保存环境难以达到这些要求。由于图书馆建筑设施的限制，或者资金投入不足无法安装先进的温湿度调节设备、防虫防潮设施等，给资源的长期保存带来了严峻的挑战。

## 二、数字化备份与存储风险

随着信息技术的发展，数字化备份已成为地方历史文化资源保存的重要手段。通过数字化备份，资源可以在一定程度上避免因物理损坏而丢失的风险。但是，数字化存储也并非万无一失，它面临着一定的风险。例如，数据丢失的风险，由于存储设备的故障、软件的漏洞或者人为的操作失误等原因，导致珍贵的数字化资源丢失；同时，还面临着黑客攻击的风险，黑客可能会入侵存储系统，窃取或者篡改数据。这就需要高校图书馆采取相应的安全措施加以防范，如定期备份数据、采用加密技术、建立防火墙等，但在实际操作中，由于技术和资金等方面的限制，这些安全措施往往难以做到尽善尽美。

# 第四节　其他挑战

## 一、资金与技术支持不足

　　地方历史文化资源的搜集、整理与保存工作是一项庞大而复杂的工程，需要大量的资金和技术支持。在搜集资源时，需要购买一些珍贵的古籍或者稀有文献，这需要资金；在整理资源时，无论是引进专业人才还是进行数字化处理，都离不开资金的投入；在保存资源时，改善保存环境、进行数字化备份等也需要资金。同时，技术支持也至关重要，如数字化处理技术、保护与修复技术等。然而，一些高校图书馆在这方面的投入有限，就像一辆动力不足的汽车，难以在这条文化传承的道路上顺利前行，导致工作难以顺利开展。

## 二、法律法规与政策支持不足

　　尽管国家和地方政府已经出台了一系列法规和政策来支持高校图书馆开展地方历史文化资源的搜集、整理与保存工作，但是，在实际操作中仍然存在一些法律空白和政策不完善的情况。例如，在资源搜集过程中，对于一些散落在私人手中的珍贵资源，由于法律法规的不明确，导致在获取这些资源时面临诸多困难；在资源的保护方面，现有的政策无法完全涵盖所有类型的地方历史文化资源，使得一些资源的保护缺乏法律依据。这给高校图书馆的工作带来了一定的困难，其就像在迷雾中航行的船只，找不到清晰的航线。

　　综上所述，高校图书馆在地方历史文化资源的搜集、整理与保存方面面临着诸多问题和挑战。为了克服这些困难，高校图书馆需要加强与政府机构、地方史志办等部门的合作，就像不同的力量汇聚在一起形成强大的合力。通过拓宽资源搜集渠道，如建立长期的资源共享机制、联合开展搜集项目等，可以获取更多更全面的地方历史文化资源；通过加强专业人才培养和引进，例如与高校相关专业合作开展人才培训计划、提供优厚的条件吸引专业人才，从而提升资源整理水平；通过加大资金投入和技术支持，改善资源保存环境，例如购置先进的保存设备、采用最新的数字化技术等；同时，积极呼吁国家和地方政府出台更加完善的法律法规和政策支持，为地方历史文化资源的保护传承贡献力量，使得这些珍贵的文化遗产能够在现代社会中得以传承并发扬光大。

# 第五节　国内高校图书馆在地方历史文化传承中的经验与教训

## 一、历史文化传承中的经验

在当今知识经济飞速发展、文化传承日益受到重视的时代背景下，国内高校图书馆在地方历史文化传承方面积极探索，积累了不少宝贵的经验。

### （一）数字资源开发与整合

在信息全球化的浪潮中，数字资源的开发与整合成为高校图书馆发展的重要方向。国内高校图书馆深刻认识到地方历史文化传承的重要意义，于是积极投身数字资源的开发与整合工作，努力建立专题化的独特馆藏。例如，南开大学图书馆的"中华典籍与传统文化网"，这一网络平台凝聚了众多学者和工作人员的心血。他们对中华典籍中的海量信息进行精心梳理，从文字学、史学、哲学等各个学科角度对传统文化进行深入的研究、细致的分类、精准的提取，将丰富的传统文化资源按照一定的逻辑架构整合起来，形成了专题化、专业化程度极高的独特馆藏。北京大学图书馆的古文献数字资源库也是如此，它汇聚了各个历史时期的古文献资料，无论是经史子集还是各类杂学著作，都被系统地数字化处理。这些数字资源库为师生们的学习和研究提供了极大的便利，使得他们可以快速、准确地获取所需的资料，不再受传统纸质文献查阅不便的困扰。

### （二）特色化服务与创新

随着高校的不断发展，每所学校都逐渐形成了自己独特的文化底蕴和学术特色。部分高校图书馆敏锐地捕捉到这一特点，结合学校自身特色，积极提供特色化服务。以清华大学图书馆为例，其在特藏服务工作方面进行了大胆的探索和创新。清华大学作为国内顶尖学府，有着深厚的文化底蕴和多元的文化交流背景。图书馆在这样的环境下，探索出图书馆文化——校园文化精神——多元民族文化的"三级文化传承"道路。在这条道路上，图书馆为师生提供全天候立体特藏资源服务，无论是白天还是夜晚，无论是在馆内查阅实体特藏，还是通过网络远程访问数字特藏，师生们都能享受到便捷的服务。而且，图书馆非常注重搜集、保护、整理民族文化遗产，专门设立了民族文化遗产保护小组，成员们深入少数民族地区，搜集那些面临失传风险的民间传说、手工艺技艺等相关资料，并对其进行精心的整理和保护，确保这些民族文化瑰宝得以传承下去。

### （三）文化展示与活动

在现代社会，文化的传播需要借助各种现代技术手段来吸引更多的受众。国内高校图书馆深知这一点，于是积极举办各类文化活动和展览，利用现代技术，增强文化的吸引力和传播力。徐州工程学院图书馆的"淮海地区非遗数字图书馆"就是一个成功的范例。淮海地区拥有丰富的非物质文化遗产，如传统的民间音乐、舞蹈、手工艺等。该图书馆将数字化技术与非遗虚拟展示相结合，通过 3D 建模、虚拟现实等技术手段，将原本抽象的非遗技艺和文化内涵以生动、直观的形式呈现出来，极大地促进了非遗的可视化表达。此外，图书馆还举办"非遗文化进校园"活动，邀请非遗传承人走进校园，现场展示非遗技艺，如剪纸艺人用一把剪刀在红纸上瞬间剪出精美的图案，让大学生们近距离感受非遗的神奇魅力。同时，国学文献专题展览也备受欢迎，展览中精心挑选的国学经典著作版本、国学研究成果等，配以详细的文字解说和多媒体展示，让大学生们仿佛穿越时空，置身于国学的浩瀚海洋之中，深刻领略中华优秀传统文化的魅力。

# 二、历史文化传承中的教训

当然，在国内高校图书馆地方历史文化传承发展中，也不可避免地存在一些问题，归纳总结如下。

### （一）资源搜集不全

部分高校图书馆在地方历史文化资源的搜集上面临着诸多挑战。资金不足是一个重要的制约因素。在如今物价上涨、资源获取成本不断增加的情况下，图书馆的经费预算往往有限。有限的资金要分配到图书采购、设备更新、人员工资等多个方面，能够用于地方历史文化资源搜集的资金就显得捉襟见肘。例如，一些偏远地区的历史文化资料可能需要专门的搜集团队深入当地进行挖掘和采集，这涉及差旅费、资料整理费等一系列费用，资金不足使得这些工作难以顺利开展。此外，渠道不畅也是一个不容忽视的问题。一些地方历史文化资源分散在民间、私人收藏者手中或者一些小型的地方文化机构中，由于缺乏有效的沟通和合作机制，图书馆很难获取这些资源。这些因素导致部分高校图书馆资源搜集不全，难以满足师生日益增长的学习和研究需求。

### （二）数字化程度不高

尽管当今数字化已经成为地方历史文化资源保存和传播的大势所趋，但部分高校图书馆在这方面的进展却不尽如人意。许多珍贵资源尚未实现数字化，仍然以传统的纸质形式保存着。这一方面是由于技术设备的限制，数字化工作需要投入大量的硬件设备，如高速扫描仪、大容量存储设备等，一些图书馆由于资金有限，无法配备先进的设备，导致数字化工作进展缓慢。另一方面，数字化人才的缺乏也是一个重要原因。数字化工作不仅需要技术人员掌握基本的扫描、录入等操作，还需要他们具备一定的文化知识背景，能够对地方历史文化资源进行准确的分类和标注。然而，这样的复合型人才在部分高校图书馆中十分匮乏。这就使得许多珍贵资源未能及时数字化，给师生查阅带来极大的不便，他们不得不花费大量的时间在纸质文献中查找资料，影响了学习和研究的效率。

### （三）服务创新不足

在现代社会，师生们的需求日益多元化，他们不再满足于传统的借阅服务。然而，在服务模式上，部分高校图书馆仍然停留在传统的借阅服务上，缺乏创新。传统的借阅服务仅仅是提供书籍的借阅和归还，对于一些新兴的需求，如图书推荐的个性化定制、学习空间的多样化设置、线上线下互动式的学术交流等方面，图书馆未能及时跟上。这就导致图书馆难以满足师生的多元化需求，使得图书馆在师生学习和研究过程中的辅助作用未能得到充分发挥，也影响了图书馆在校园文化建设中的影响力。

# 第六节　国外高校图书馆在地方历史文化传承中的经验与教训

　　在当今全球化的时代背景下，文化传承与发展成为了世界各国都极为关注的重要议题。国外高校图书馆在地方历史文化传承方面扮演着独特且关键的角色。在长期的发展过程中积累了丰富的经验，但同时也不可避免地面临一些挑战和教训。以下将对其经验与教训进行详细的分析。

## 一、国外高校图书馆的经验

### （一）建筑设计与文化传承

　　国外高校图书馆在建筑设计这一重要环节上，极为注重与地方历史文化的紧密结合。以卡塔尔大学图书馆为例，在建筑设计之时，就深入挖掘当地的文化元素。卡塔尔地区有着独特的建筑传统，灯塔和风塔在当地的建筑文化中占据着特殊的地位。于是，图书馆巧妙地运用混凝土材料建成了八角形的建筑，这种八角形的设计灵感或许就来源于当地传统建筑的造型特点。并且，在建筑功能上采用了当地传统的灯塔设备（滤光装置）和风塔设备（通风装置）。灯塔设备经过精心改造成为了独特的滤光装置，它不仅能够有效地调节室内光线，让图书馆内部的光线变得柔和而适宜阅读，还如同一个文化符号，将卡塔尔地区航海文化中的灯塔元素融入其中。风塔设备则转化为通风装置，利用当地的自然风为图书馆带来清新的空气，这种传统的通风方式既环保又体现了地方特色。整个图书馆建筑通过这些设计，不仅体现了鲜明的地方特色，而且在现代化的建筑框架下，精巧而富有灵气，宛如一座矗立在校园中的文化灯塔。

　　宾夕法尼亚大学图书馆同样在建筑设计上独具匠心。费城有着悠久的历史和独特的建筑风格，红砖外墙是这座城市建筑的标志性特色之一，砂岩和琉璃砖也常常被用于城市建筑的装饰和构建。宾夕法尼亚大学图书馆在设计时，敏锐地捕捉到这些城市建筑的文化符号，采用红砖外墙和砂岩、琉璃砖作为屋顶材料。当人们站在校园中时，一眼望去，图书馆与费城的主要城市建筑在风格上保持高度一致，仿佛它就是这座城市建筑群落中的一员。这种建筑风格的一致性，不仅是一种视觉上的和谐，更是对费城文化的生动展现，使图书馆成为了费城文化的一个重要象征，彰显出壮观的费城文化底蕴。

### （二）特色化馆藏建设

国外高校图书馆深知馆藏是其文化传承的核心载体之一，因此非常注重搜集具有地方特色的历史文化资源，以形成独特的馆藏体系。这些地方特色的历史文化资源犹如一颗颗璀璨的明珠，散布在地方的各个角落。图书馆的工作人员如同寻宝者一般，深入当地的历史遗迹、民间收藏以及古老家族的传承中去寻找这些珍贵的资源。他们通过与当地的历史学家、民间艺人以及收藏家建立广泛的联系，获取了大量独一无二的资料，这些资料涵盖了地方历史的古老文献、传统手工艺的制作秘籍、地方方言的记录等。这些独特的馆藏资源不仅极大地丰富了图书馆的藏书种类和数量，更为师生提供了深入了解地方历史文化的绝佳机会。师生们在这样丰富的馆藏面前，仿佛能够穿越时空，触摸到地方历史文化的每一个脉络，深入探究地方文化的发展演变历程。

### （三）文化展示与活动

国外高校图书馆不仅是一个知识的存储库，更是一个充满活力的文化展示与交流平台。它们通过举办各类丰富多彩的文化活动和展览，如讲座、研讨会、艺术展览等，积极展示地方历史文化。这些活动犹如一扇扇文化之窗，吸引着师生们前来探寻地方文化的奥秘。讲座常常邀请当地的知名学者、文化专家或者是民间艺人来分享他们对地方历史文化的深入研究和独特见解。在讲座的现场，师生们可以听到关于地方古老传说背后的历史真相、传统节日的文化内涵以及地方手工艺的传承故事。研讨会则为师生和各界文化研究者提供了一个思想碰撞的舞台，大家在这里就地方历史文化的保护、传承与创新展开热烈的讨论，从不同的角度深入剖析地方文化的价值和发展方向。艺术展览更是将地方历史文化以一种直观而震撼的方式呈现出来，展览中可能会展示当地古老的绘画、雕塑、手工艺品等，每一件展品都像是在诉说着一段古老的故事。

而且，图书馆还紧跟时代步伐，利用现代技术，如虚拟现实、增强现实等，提供沉浸式文化体验。当师生们戴上虚拟现实设备，就仿佛置身于地方历史的某个重要场景之中。比如，在体验某个古老城市的历史文化时，他们可以在虚拟的街道上漫步，看到古代的建筑风貌，听到街头巷尾传来的传统叫卖声，感受到那个时代的生活气息。增强现实技术则可以让师生们在观看传统手工艺品时，通过手机或其他设备，获取更多关于这件手工艺品背后的制作工艺、文化寓意等详细信息。这些现代技术的应用，使师生能够更直观地了解地方历史文化，让地方文化在现代科技的加持下焕发出新的活力。

### （四）合作与共享

国外高校图书馆深刻认识到，地方历史文化的传承是一个系统性的工程，需要多方力量的共同参与。因此，它们积极与当地政府机构、文化机构等建立紧密的合作关系。当地政府机构往往掌握着大量的地方历史文化资源，并且在政策制定和资源调配方面具有重要的影响力。图书馆与政府机构合作，可以在政策支持下更顺利地开展地方历史文化的搜集、整理和研究工作。文化机构则在文化资源的专业性和多样性方面具有独特的优势，它们与图书馆的合作可以实现资源的互补。例如，博物馆可能拥有丰富的实物文物资源，而图书馆则侧重于文献资料的搜集与整理，两者合作就可以构建一个更加全面的地方历史文化研究体系。

通过建立资源共享平台，图书馆能够与其他机构共享资源，提高资源的利用率和影响力。这个资源共享平台就像是一个文化的超级市场，各个机构可以将自己的资源放在这个平台上供大家使用。在这个平台上，高校的师生、研究人员以及社会各界的文化爱好者都可以获取到丰富的地方历史文化资源。这不仅打破了机构之间的资源壁垒，也让地方历史文化在更广泛的范围内得到传承和传播。

## 二、国外图书馆的制约因素

### （一）资金与资源限制

尽管国外高校图书馆在地方历史文化传承中取得了显著成果，但资金和资源限制仍是其面临的主要挑战之一。地方历史文化传承工作往往涉及大量的人力、物力和财力投入。例如，在搜集珍贵的历史文献和文物时，需要派遣专业人员到各地进行搜寻、鉴定和收购，这一过程不仅需要支付人员的差旅费、文物的收购费用，还需要专业的保护设备和储存空间。而在举办大型的文化活动和展览时，场地租赁、展品布置、宣传推广等方面都需要大量的资金支持。一些图书馆由于自身资金不足，在开展这些相关项目时常常捉襟见肘。有时候，因为缺乏足够的资金购买珍贵的地方历史文化资料，导致资源收集不全，无法构建完整的地方历史文化研究体系。在服务方面，由于资金限制无法购置先进的设备或者聘请专业的文化讲解人员，使得服务效果不佳，难以满足师生和社会公众对地方历史文化深入了解的需求。

### （二）文化差异与理解

在搜集和整理地方历史文化资源时，图书馆需要充分了解和理解当地的文化背景和历史脉络。然而，由于不同地区之间存在着巨大的文化差异和语言障碍等原因，这一工作充满了挑战。例如，一些图书馆在搜集国外某个偏远地区的历史文化资源时，可能对当地复杂的宗教信仰、独特的社会习俗以及古老的家族传承体系缺乏深入的了解。这些文化因素往往深刻地影响着当地历史文化资源的内涵和意义。由于对当地文化理解不够深入，一些图书馆难以准确理解和把握地方历史文化的精髓和特色。在整理和研究这些资源时，可能会出现误解或者遗漏重要文化元素的情况，从而影响对地方历史文化的准确传承和有效传播。

### （三）技术更新与保护

随着技术的不断发展，图书馆面临着技术更新与保护的双重压力。数字化技术在地方历史文化资源的保存和传播方面发挥着越来越重要的作用。例如，通过数字化扫描技术，可以将古老的纸质文献转化为电子版本，方便保存和传播；利用数据库技术，可以对海量的地方历史文化资源进行分类管理和快速检索。然而，一些图书馆可能因技术更新滞后，仍然使用传统的保存方式，导致在应对自然灾害、时间侵蚀等问题时，地方历史文化资源面临着更大的损坏风险。同时，在数字化资源的保护方面，网络安全、数据备份等保护手段也至关重要。如果保护手段不足，可能会遭受网络攻击或者数据丢失，从而造成珍贵的地方历史文化资源不可挽回的损失。

### （四）社会变革与影响

社会变革和政治动荡等因素可能对地方历史文化的传承产生深远的负面影响。在不同的历史时期，社会的政治、经济和文化环境都在不断变化。例如，在一些国家经历政治变革或者政治动荡时期，文化政策可能会发生重大调整。一些图书馆可能因政治原因而难以获取或展示某些历史文化资源。比如，某些涉及特定历史时期或者政治敏感话题的历史文献、艺术作品等可能会被禁止收藏或者展示。这就导致了文化传承的断裂或缺失，使得一些珍贵的地方历史文化在特定的历史时期出现断层，无法完整地传承下去。

综上所述，国外高校图书馆在地方历史文化传承中既有丰富的经验值得借鉴，也面临一些挑战和教训需要克服。为了更好地传承地方历史文化，图书馆需要不断加强与当地政府机构、文化机构等的合作与交流，提高资金和资源利用效率；同时，还需要加强文化理解和保护意识，不断更新技术手段和方法，确保地方历史文化资源的长期保存和有效利用。

# 第五章

# 跨界协同理论

# 第一节　跨界协同的概念及理论依据

在当今这个全球化、多元化发展的时代背景下，各个领域都有着自身独特的优势资源，然而单一领域的资源往往存在一定的局限性。跨界协同的理念应运而生，并且逐渐成为众多领域关注和研究的焦点。

## 一、什么是跨界

跨界是指不同领域、不同行业之间打破原有的界限和壁垒，以实现某种交互的目的。跨界使得原本看似无关的元素能够相互融合，能够产生意想不到的效果，从而为创新和多元发展提供更多机遇。

## 二、什么是协同

协同是指多个相同或不同领域、行业的个体或组织超越简单的合作，为了共同的目标而基于资源共享和优势互补而进行的某种深层次力量整合与协同作业。它强调的是整体性和一致性，旨在通过集体的智慧和力量来实现更大的价值，以提高效率、降低成本，增强各方的竞争力和创新能力。在全球化日益加深的今天，协同已经成为推动社会进步和发展的重要力量。

本书主要针对高校图书馆文化传承的跨界协同问题进行探究。所以，下文及后续章节对于"什么是跨界"和"什么是协同"问题不再分别展开研究。

## 三、什么是跨界协同

跨界协同可以理解为一种跨越不同领域、不同主体、不同资源边界的协作与合作方式，旨在将不同领域诸如文化领域、科技领域、商业领域等各自的优势资源进行有机结合，从而创造出更具创新性和独特性的成果。这些成果可能是一种全新的产品、一种前所未有的服务模式，或者是一种开创性的理念。

跨界协同是一个多维度的概念，可以从不同角度进行理解和阐述。

### （一）组织边界论

在现代商业环境和各类组织发展的进程中，组织的边界常常成为限制其发展的重要因素。跨界协同被视为组织通过跨越边界进行沟通、扩张并改变组织边界功能与形态的活动。传统意义上，组织的边界就像一道无形的墙，将各个组织划分出内部与外部加以区别。然而，随着市场的不断变化、技术的飞速进步以及竞争的日益激烈，这种边界在一定程度上阻碍了组织的发展。例如，企业如果仅仅局限于自身内部的资源和管理模式，就很难适应市场需求的快速变化。跨界协同强调的这种跨越边界的活动，就像是打破这堵墙的一种力量。组织在这个过程中，不再受限于原有的边界限制，而是积极地与外部进行沟通，无论是与其他企业、机构还是不同部门的沟通。这种跨越边界的沟通能够让组织获取更多外部的信息、资源和经验。同时，组织还会扩张自身的边界，这里的扩张并非简单的规模扩大，而是在功能和形态上的改变。例如，一家传统的制造业企业，通过跨界协同与互联网企业合作，其原本只专注于生产制造的边界功能就会得到拓展，可能会融入互联网营销、大数据分析等新的功能，企业的形态也会从单纯的生产型企业向智能化、数字化的新型企业转变。这种理解强调了组织在跨界过程中的动态性和变革性，以及边界的灵活性和可塑性。

### （二）资源交换论

从资源的角度来看，在当今资源分布不均衡且竞争激烈的环境下，资源的获取和有效利用成为组织生存和发展的关键。从资源交换的角度来看，跨界协同是组织通过跨界实现内外部资源联合、支持，实现资源共享整合，从而达到协同创新的行为。每个组织内部都拥有一定的资源，但是这些资源可能是有限的或者在某些方面存在不足。比如一家小型的科技创业公司，可能拥有先进的技术研发能力，但是缺乏资金和市场推广渠道；而一家大型的传统企业，拥有雄厚的资金和广泛的市场渠道，却在技术创新方面相对滞后。通过跨界协同，这两类企业就可以实现资源的联合。小型科技创业公司可以借助大型传统企业的资金和市场渠道，将自己的技术成果转化为实际的产品推向市场；大型传统企业则可以获得小型科技创业公司的先进技术，提升自己的创新能力。这种资源的共享整合能够产生协同效应，提高资源利用效率。就像把不同形状的拼图碎片组合在一起，形成一个完整的、更有价值的拼图。这种协同方式有助于组织获取更广泛的资源，进而推动创新和发展。

### （三）战略创新论

在复杂多变的市场环境中，组织面临着各种各样的挑战，原有的管理和运行模式可能逐渐失去竞争力。战略创新论认为，跨界协同是组织的管理和运行模式的一项全方位、多层次创新活动。组织在发展过程中，往往会形成自己固定的思维框架和运营模式，这种模式在一定时期内可能是有效的，但随着市场环境、技术发展等因素的变化，就可能成为限制组织发展的桎梏。例如，传统的零售企业一直遵循着实体店销售的模式，但是随着互联网技术的发展，这种模式受到了电商的巨大冲击。跨界协同通过将新旧领域、差异化领域进行有效联结，就像在旧的商业模式和新的互联网技术之间架起了一座桥梁。传统零售企业与电商平台进行跨界协同，形成线上线下融合的新零售模式。这种模式不仅结合了传统零售企业的线下体验优势和电商平台的线上便捷性优势，还能提供一些新的服务和体验，如线上下单、线下取货或者线下体验、线上购买等。这种协同方式形成了新的战略价值，有助于组织打破原有的思维框架和限制，推动组织在更广泛的领域进行创新和探索。

### （四）融合发展论

在当今社会，各个领域之间虽然有着不同的特点和发展规律，但同时也存在着许多相互关联和相互促进的机会。融合发展论则强调，跨界协同是不同主体通过跨越认知、行为、思维的时空和领域、文化等界限，共享共创，获取和实现具有原创性、突破性、引领性的技术与市场效应的重大创新。不同的领域往往有着不同的认知模式和行为习惯，例如科技领域强调创新和理性分析，而文化艺术领域则更注重创意和感性表达。当这两个领域进行跨界协同时，就需要跨越这些不同的认知和行为界限。比如科技与文化艺术的跨界协同产生了数字艺术，这就要求科技人员理解文化艺术的创意需求，艺术工作者也要了解科技的实现手段。同时，不同的领域还可能存在着文化差异，比如不同国家的企业在进行跨界协同时，需要考虑到不同的企业文化、价值观等因素。通过跨越这些界限，不同主体可以共享各自的知识、技术和创意，共同创造出一些全新的东西。这种协同方式旨在打破不同领域之间的壁垒，促进各领域之间的深度融合和共同发展。

综合以上观点，在现代社会，各个领域之间的联系日益紧密，不同主体之间的合作也变得更加频繁和多样化。就像把来自不同方向的光线汇聚到一个焦点上，跨界协同强调将多元的知识、技能和视角融合在一起。例如，在一个跨学科的科研项目中，可能会涉及物理学、生物学、计算机科学等多个领域的知识和技能，以及来自不同学术背景的研究人员的不同视角。通过跨界协同，各元素可以相互补充、相互启发，从而在问题解决和创新过程中获得更大的优势。跨界协同不仅有助于组织获取更广泛的资源和信息，提高创新能力和竞争力，还能推动不同领域之间的深度融合和共同发展，为社会进步和商业发展注入新的活力。

## 二、实际应用

在实际应用中，跨界协同已经广泛应用于各个领域，并且取得了许多显著的成果。

在生物医药领域，这是一个涉及生命科学、医学、化学等多个学科的复杂领域。跨界协同推动了生物学、化学、工程等多个领域的交叉融合。如生物学家通过对人体生理机制的深入研究，化学家负责研发新型的药物分子，工程师则设计出适合这些药物生产和使用的设备与技术。这种多领域的跨界协同诞生了许多重要的药物和疗法，如基因治疗技术，它结合了生物学对基因的研究成果、化学合成的药物载体技术以及工程学的基因编辑工具设计，为一些难治性疾病的治疗带来了新的希望。

在科技与艺术领域，随着数字技术的飞速发展，跨界协同催生了数字艺术、虚拟现实等新型艺术形式。科技为艺术提供了新的表现手段和创作工具，艺术家则将自己的创意和审美融入其中。如虚拟现实艺术展览，观众可以身临其境地感受艺术作品，这种体验是传统艺术形式无法提供的。

在可持续发展与商业领域，随着全球对环境和社会可持续发展的关注不断提高，跨界协同推动了绿色企业和可持续产品的诞生。商业企业与环保组织、科研机构等进行跨界合作，企业利用自身的市场和生产能力，环保组织提供可持续发展的理念和标准，科研机构研发绿色技术。例如，一些企业推出了可降解的塑料制品，这是商业企业、环保组织和科研机构跨界协同的成果。

在金融与技术领域，跨界协同促进了金融科技的发展和应用。金融行业拥有庞大的资金和客户资源，技术领域则具备强大的创新能力。两者结合后，产生了移动支付、区块链金融等新兴金融科技产品和服务，改变了人们的金融消费习惯和金融市场的运营模式。

总之，跨界协同适应了当今社会多元化、全球化、快速发展的趋势，强调跨越不同领域和边界的协作与合作，旨在推动创新和发展。未来，随着科技的不断进步、社会需求的不断变化以及各个领域之间联系得更加紧密，跨界协同将继续发挥重要作用，为各个领域带来更多的机遇和挑战。

# 第二节　跨界协同的特点、优势及其应用场景创新价值呈现

## 一、跨界协同的特点与优势

### （一）强调合作与共享

跨界协同极其注重不同领域之间的合作。在现代社会，不同领域所拥有的资源、知识和技术千差万别。例如，科技领域掌握着前沿的研发技术，文化领域蕴含着深厚的历史文化底蕴和创意灵感，商业领域则有着丰富的市场运作经验和资本资源。通过跨界协同，这些领域之间能够共享资源、知识和技术。以一家科技公司和一家文化创意公司的合作为例，科技公司将其先进的数字技术共享给文化创意公司，文化创意公司则把自己独特的文化创意内容分享给科技公司。双方通过合作，共同开发出了一款融合文化元素与高科技体验的新型娱乐产品，不仅实现了各自的发展，还在市场上创造出了新的消费热点，实现了共同发展和创新。

### （二）打破界限与思维模式

跨界协同方式打破了原有的界限和思维模式。在传统的行业划分中，各个领域都有自己相对固定的运作方式和思维框架。比如，传统制造业往往更关注生产流程和成本控制，而文化艺术领域更侧重于创意表达和审美体验。然而，跨界协同促使不同领域相互渗透。当制造业与文化艺术领域进行跨界协同的时候，制造业开始从文化艺术的创意和审美角度去重新审视自己的产品设计，文化艺术领域也开始考虑如何借助制造业的高效生产能力将创意作品转化为大规模生产的产品。这种跨界互动促进了新思考方式和创造力的释放，就像打开了一扇通往全新世界的大门，原本被束缚在各自领域内的人们能够跳出固有思维，看到更多的可能性。

### （三）多元融合

跨界协同能够将多元的知识、技能和视角融合在一起，从而在问题解决和创新过程中获得更大的优势。不同领域的知识体系就像不同的工具包，每个工具包都有其独特的工具。当这些工具包被整合在一起时，面对复杂的问题就能够有更多的解决办法。例如在城市规划中，需要考虑到建筑学、生态学、社会学等多个领域的知识。建筑师能够提供建筑设计的专业知识，生态学家可以从生态平衡的角度给出建议，社会学家则能考虑到居民的生活需求和社会关系。将这些多元的知识、技能和视角融合起来，就能够规划出既美观又环保，还能满足居民生活需求的城市空间。

## 二、跨界协同在不同应用场景中应用及其创新价值呈现

### （一）科技与艺术的融合

在数字艺术、虚拟现实等领域表现尤为突出，通过技术手段创造出独特的艺术体验。随着科技的飞速发展，数字技术为艺术创作和艺术体验带来了革命性的变化。在数字艺术领域，艺术家们利用计算机图形学、人工智能等技术，创作出传统艺术形式难以实现的作品。例如，一些艺术家通过编写算法程序，让计算机自动生成具有独特视觉效果的艺术图像，这些图像融合了复杂的几何图形、绚丽的色彩和动态的变化，给观众带来了全新的视觉冲击。而在虚拟现实领域，技术与艺术的融合更是达到了一个新的高度。通过虚拟现实技术，艺术家能够创建出沉浸式的艺术空间，观众可以身临其境地感受艺术作品的魅力。比如在一个虚拟现实艺术展览中，观众戴上头盔，仿佛置身于一个充满奇幻色彩的艺术世界，周围的一切都是由数字艺术作品构成，观众可以与这些作品进行互动，这种独特的艺术体验是传统艺术展览无法比拟的。

### （二）可持续发展与商业的结合

这种结合推动了绿色企业和可持续产品的诞生。在全球环境问题日益严峻的背景下，可持续发展已经成为人类社会发展的必然趋势。商业领域也逐渐意识到，将可持续发展理念融入企业运营和产品开发中，不仅能够满足社会对环保的需求，还能为企业带来新的市场机遇。例如，一些传统的服装企业开始转型为绿色企业。它们在原材料采购方面，选择环保的有机棉、竹纤维等可持续材料；在生产过程中，采用节能节水的生产工艺；在产品包装上，使用可降解的包装材料。这些企业通过可持续发展与商业的跨界

协同，推出了一系列可持续产品，既满足了消费者对环保产品的需求，又提升了企业的品牌形象和市场竞争力。

### （三）金融与技术的融合

金融科技的发展正是金融与技术领域跨界协同的产物。随着互联网、大数据、区块链等技术的不断发展，金融领域发生了深刻的变革。在支付领域，移动支付技术的兴起改变了传统的支付方式。通过智能手机等移动设备，人们可以方便快捷地进行支付，这背后是金融机构与科技企业的跨界合作。金融机构提供资金结算和安全保障等金融服务，科技企业则提供移动支付技术平台的开发和维护。在投资理财领域，大数据和人工智能技术被广泛应用。金融科技公司利用大数据分析投资者的风险偏好、消费习惯等信息，再通过人工智能算法为投资者提供个性化的投资建议。这种金融与技术的跨界协同，提高了金融服务的效率和精准度，也为投资者提供了更加便捷、多样化的金融服务。

### （四）生物医药领域的创新

生物医药领域的创新涉及生物学、化学、工程等多个领域的交叉融合。在现代医学研究中，生物学提供了对生命现象和生物体结构功能的基本认识，化学则为药物研发提供了分子合成和分析的方法，工程学则在医疗器械的研发制造以及生物工程技术的产业化方面发挥着关键作用。例如，在研发新型抗癌药物的过程中，生物学家通过对癌细胞的生物学特性进行深入研究，发现了癌细胞的特定靶点。化学家则利用有机化学合成技术，设计并合成能够针对这些靶点的小分子化合物。工程师们再通过药物制剂工程技术，将这些小分子化合物制成适合人体使用的药物剂型，同时还研发出相应的给药设备，如精准靶向给药的纳米载体系统等。这种多领域的跨界协同，大大提高了生物医药创新的效率和成功率。

# 第三节　跨界协同的实施策略

跨界协同已成为众多组织和企业寻求突破与发展的重要手段。然而，由于各个领域之间存在着显著的差异，例如科技领域强调创新与技术迭代，传统制造业注重生产流程和成本控制，服务业侧重于客户体验等；而且不同的合作对象在规模、性质、发展战略等方面也千差万别，所以跨界协同的具体实施策略因领域和合作对象的不同而有所差异。但尽管如此，以下策略具有一定的普遍性和适用性。

## 一、明确协同目标与定位

### （一）确定协同目标

在决定开展跨界协同之前，各方必须经过深入的思考与探讨，从而明确协同的具体目标，这是跨界协同的首要任务，为整个协同过程指明方向。例如，在资源日益稀缺且竞争激烈的当下，提高资源利用效率就成为了许多协同合作的重要目标。通过整合各方的人力、物力、财力等资源，避免重复建设和浪费，从而实现资源的优化配置。又如，拓展市场也是常见的目标之一，随着市场的逐渐细分和饱和，企业需要借助跨界协同来突破自身所在领域的市场局限，进入新的市场领域，挖掘潜在客户群体。再如提升品牌影响力，当不同领域的知名品牌合作时，双方可以互相借助对方的品牌知名度、美誉度以及受众群体，来扩大自身品牌在新的消费群体中的影响力，提升品牌形象。而且这些目标必须具体、可衡量，不能是模糊不清的概念。比如，提高资源利用效率这一目标，可以具体到将资源利用率提高百分之多少；拓展市场可以明确到进入哪些新的地理区域或者特定的客户细分市场；提升品牌影响力也能够通过品牌知名度在合作后的提升幅度、新客户对品牌的认知度等指标来衡量。只有这样，才能够在协同过程中有效地进行监控和评估，及时发现问题并调整策略。

### （二）精准定位合作对象

根据已经确定的协同目标，接下来就需要精心选择具有互补优势或相似需求的合作对象。这一过程犹如寻找拼图中的另一块，必须严丝合缝才能构建出完整的画面。例如，如果一个企业的优势在于强大的研发能力，但缺乏大规模的生产基地和销售渠道，那么它就需要寻找在生产和销售方面具有优势的企业作为合作对象。在选择时，要对合作对象的品牌、资源、能力等进行全面而细致的评估。品牌方面，要考察品牌的市场定位、品牌形象、品牌文化等是否与自身相匹配，是否存在冲突的地方；资源方面，要深入了解对方的资源（人力、物力、财力）的规模、质量和可利用性；能力方面，则要评估对方的技术研发能力、生产制造能力、市场营销能力等是否能够满足协同的需求。只有经过这样全面的评估，才能够确保合作的可行性和有效性，避免在合作过程中因为合作对象的选择不当而出现各种问题，如目标不一致、资源无法整合、能力无法互补等。

## 二、制定协同计划与方案

### （一）制定详细的协同计划

协同计划就像是一份详细的作战蓝图，涵盖着合作的各个方面。其中，合作的具体内容是计划的核心部分，需要明确各方在合作中承担的具体任务、提供的资源以及预期的成果等。例如，在一个科技企业与传统制造企业的跨界协同中，科技企业可能负责提供先进的数字化技术解决方案，而传统制造企业则要负责将这些技术应用到生产流程中，双方共同的成果是打造一个智能化的生产车间。时间表也是不可或缺的一部分，它规定了各个任务的起始时间和完成期限，确保合作能够按照预定的节奏进行。比如，在一个新产品的联合研发项目中，可能规定第一个月完成市场调研，第二个月到第三个月进行产品概念设计，第四个月到第六个月进行样品制作等。责任分配同样重要，要明确各方在每个任务中的责任和权力，避免出现责任不清、互相推诿的情况。例如，在合作的市场推广环节，如果出现宣传内容的失误，要能够明确是由负责创意设计的一方还是负责审核的一方承担责任。只有确保各方对计划有充分的理解和认同，在协同过程中才能够保持步调一致，就像一支训练有素的军队，每个士兵都清楚自己的任务和使命，从而实现高效的协同作战。

### （二）设计合理的协同方案

协同方案的设计需要充分考虑各方的资源和能力，这是方案可行性和有效性的基础。例如，如果一方的资金资源有限，那么在方案中就不能设计过多依赖资金投入的项目；如果一方的技术能力较弱，就不能安排过于复杂的技术研发任务。同时，方案应体现各方的利益诉求，以实现共赢为目标。在跨界协同中，各方都带着自己的利益期望参与进来，如果方案不能满足各方的利益需求，那么合作就难以持久。比如，在一个电商平台与物流企业的合作中，电商平台希望物流企业能够提供快速、准确、低成本的物流服务，以提高客户满意度；而物流企业则希望电商平台能够提供稳定的订单量，增加业务收入。因此，协同方案就需要在物流服务的价格、配送时效、订单分配等方面进行合理的设计，使得双方都能够从合作中获得相应的利益，从而实现共赢的局面。

## 三、建立协同机制与协同平台

### （一）建立有效的沟通机制

各方应建立定期沟通机制，在合作各方之间搭建起一座互动沟通桥梁，确保信息的及时传递和共享。在跨界协同中，由于涉及不同的领域和组织文化，信息的不对称性往往比较严重，及时的沟通就显得尤为重要。可以通过多种方式进行沟通，如会议这种面对面的交流方式，它适合于重要决策的讨论、问题的集中解决以及各方关系的协调等。在会议中，各方可以直接表达自己的观点、意见和需求，同时也能够及时了解其他方的想法，从而达成共识。邮件则适合于传递正式的文件、报告、方案等资料，它能够留下清晰的记录，便于日后查阅和追溯。电话沟通则比较灵活便捷，适用于紧急情况的通报、简单问题的沟通和协调等。通过这些不同的沟通方式，确保协同过程的顺利进行，避免因为信息不畅而导致的误解、延误等问题。

### （二）搭建协同平台

搭建线上或线下的协同平台，这是为各方进行资源共享和协作提供一个专门的空间。线上平台可以利用互联网技术，实现信息的快速传播、资源的高效整合以及远程协作等功能。例如，可以建立一个共享的项目管理平台，各方可以在平台上查看项目的进度、任务分配、资源使用情况等信息；也可以建立一个文件共享平台，方便各方上传和下载合作过程中需要的各种文件资料。线下平台则可以是实体的办公空间或者共享的生产设施等。例如，在一些联合研发项目中，各方可能会共同租用一个实验室或者办公场地，以便于双方的研发人员能够在同一空间内进行面对面的交流、实验操作等。平台应具备良好的安全性和稳定性，这是确保协同过程安全和顺畅的基本要求。安全性方面，要防止信息泄露、数据被篡改等风险，特别是在涉及商业机密、客户信息等敏感信息时；稳定性方面，要确保平台在使用过程中不会出现频繁的故障、卡顿等情况，以免影响协同工作的正常进行。

## 四、实施协同项目与活动

### （一）推进协同项目的实施

在跨界协同的大框架下，协同计划和方案为各个参与方指引着方向。这些计划和方案的制定，是经过各方深入调研、反复商讨，综合考量各方资源、优势以及预期目标等诸多因素后精心构建，推进各项协同项目的实施就成为了整个协同工作的核心环节。在这个过程中，各方应积极配合。例如，一方如果负责提供技术支持，那么就需要按照预定的时间表和技术指标，精准无误地开展工作；另一方负责资金投入的，则要确保资金按时足额到位，任何一方的懈怠或者延误都可能像多米诺骨牌一样，影响整个项目的顺利进行和按时完成。这不仅需要各方明确自身的责任和义务，更需要建立高效的沟通机制，及时解决项目推进过程中可能出现的各种问题，如技术难题、资源调配冲突等。

### （二）开展协同活动

为了加强各方之间更为深入和全面的交流与合作，通过举办展览、讲座、研讨会等形式多样的活动是非常有效的途径。展览能够以直观的视觉形式展示各方的成果、产品或者服务特色，让参与者在有限的空间内迅速获取丰富的信息；讲座则可以邀请行业内的专家学者或者资深从业者，分享最新的研究成果、行业动态以及实践经验，为各方提供知识和智慧的滋养；研讨会更是一个集思广益的平台，各方人员围绕特定的主题展开深入讨论，碰撞出创新的火花。这些活动都应紧密围绕协同的主题和目标进行精心策划，从活动的主题设定、内容安排到宣传推广，每一个环节都要充分考虑如何提高各方的参与度和满意度。比如，在活动宣传方面，要利用多种渠道进行广泛传播，包括线上的社交媒体平台、行业网站，线下的传单、海报等，吸引更多的人员参与；在活动内容设计上，要注重趣味性、实用性和针对性，确保参与者能够从中获得实际的收益。

## 五、评估与调整协同策略

### （一）建立评估体系

建立科学的评估体系是对跨界协同效果进行准确把握的关键所在。这个评估体系就像是一把精密的尺子，需要全面而细致地考量各个方面的因素。对协同效果进行定期评估，评估指标涵盖了资源利用效率、市场拓展情况、品牌影响力等多个重要维度。资源利用效率的评估包括对人力、物力、财力等资源的投入产出比分析，比如计算投入的资金与所获得的收益之间的比例关系，以及人力资源的有效利用率等；市场拓展情况则需要考察在协同过程中各方市场份额的增长情况、新市场的开拓数量以及市场渗透率等；品牌影响力的评估可以从品牌知名度、美誉度、品牌忠诚度等多个角度进行衡量，例如通过市场调研统计消费者对品牌的认知度和好感度的变化。只有建立这样全面、科学的评估体系，才能准确地反映出协同工作的实际效果。

### （二）及时调整协同策略

根据评估结果，及时调整协同策略，优化协同过程，这是确保跨界协同持续健康发展的重要举措。就如同航海中的船只需要根据风向和海流不断调整航向一样，跨界协同在不同的发展阶段也需要根据实际情况灵活变动策略。如果评估结果显示资源利用效率低下，可能需要重新调整资源分配方案，将资源向更有潜力或者效益更高的项目倾斜；如果市场拓展未达到预期，那么就需要分析市场环境变化，调整市场推广策略，寻找新的市场机会；如果品牌影响力提升不明显，可能需要加大品牌宣传力度，或者调整品牌定位。各方应保持像变色龙一样的灵活性和适应性，以便在协同过程中能够从容应对各种复杂的挑战和变化，这不仅考验各方的应变能力，更需要各方有大局观，从整体利益出发做出合理的调整决策。

## 六、其他注意事项

### （一）注重品牌形象的塑造

在跨界协同这个复杂而多元的过程中，品牌形象的塑造和维护具有不可忽视的重要性。品牌形象是各方在市场竞争中的重要资产，它代表着企业的价值观、产品质量、服务水平等多方面的内涵。在协同活动和项目的实施过程中，每一个环节都可能对品牌形象产生影响。例如，在展览中，展位的设计、展品的陈列、工作人员的服务态度等都会被参观者看在眼里，这些细节直接关系到品牌在他们心中的印象；在讲座和研讨会中，各方的发言内容、观点表达以及互动交流的方式等也在一定程度上体现着品牌形象。通过协同活动和项目的精心实施，如打造高品质的展览、举办高水平的讲座等，可以提升品牌形象和知名度，使品牌在市场中更具竞争力，从而吸引更多的消费者和合作伙伴。

### （二）遵守法律法规和道德规范

在跨界协同过程中，必须遵守相关法律法规和道德规范。这是确保协同活动合法性和合规性的基石，任何违反法律法规的行为都可能给各方带来严重的法律风险，如合同纠纷、知识产权侵权等法律问题，不仅会损害各方的经济利益，还会对品牌形象造成难以挽回的负面影响。同时，遵循道德规范也是企业社会责任的体现，有助于树立良好的企业形象。例如，在合作过程中，要遵守公平竞争的原则，不进行恶意诋毁竞争对手的行为；在知识产权保护方面，要尊重他人的专利、商标、著作权等权益，同时也要保护好自己的知识产权。

总之，跨界协同的具体实施策略需要综合考虑目标、计划、机制、项目、评估等多个方面。通过科学合理的策略实施，可以实现资源共享、优势互补和协同创新的目标，各方在协同中共同发展，共创辉煌。

# 第四节　跨界协同中有效激励机制的建立

当今全球化和多元化的发展，使跨界协同成为众多领域发展的必然选择。无论是不同行业之间的合作，还是跨地区、跨部门的协同发展，都需要各方积极参与、共同努力才能达成预期的目标。然而，要让各方都能在跨界协同中实现双赢，必须建立有效的激励机制，以激发各方的积极性，促进合作的深入、良性及可持续发展。为此，笔者提出以下建议。

## 一、明确激励目标

跨界协同涉及多个主体，每个主体可能有着不同的利益诉求和发展方向。所以，首先需要明确跨界协同的激励目标，即清晰地界定希望通过激励机制实现什么样的合作成果。这就像是在一段复杂的旅程开始之前，先确定好目的地一样重要。只有明确了这个目标，才能确保激励机制的设计与跨界协同的整体目标保持一致。例如，如果是科技企业与传统制造业的跨界协同，目标可能就是推动传统制造业的数字化转型，那么激励机制就要围绕这个目标来设计，从而增强激励的针对性和有效性。

## 二、设定合理的奖励标准

### （一）贡献度评估

在跨界协同中，各方的贡献度往往难以简单衡量。这就需要根据各方在跨界协同中的实际贡献度来设定奖励标准。这可以通过量化指标、专家评审等方式进行。以一个城市规划中的跨界协同项目为例，其中包含了建筑设计公司、环保组织和交通部门等多方参与。建筑设计公司可能以设计的创新性和实用性为量化指标，环保组织以对环境影响的改善程度为评估依据，交通部门则以对交通流畅性的提升情况来衡量贡献度。专家评审则可以从更专业、更全面的角度对各方的贡献进行综合评价，确保奖励标准的合理性。

### （二）多样性奖励

不同的参与方有着不同的需求，单一的奖励形式难以满足所有人的期望。因此，奖励形式可以多样化，包括财政补贴、税收优惠、荣誉称号、项目资金等。比如，对于一些小型创新企业来说，财政补贴可能能够解决他们的资金瓶颈问题，使他们有更多的资源投入跨界协同项目中；而对于大型企业而言，税收优惠可能更具有吸引力，可以降低他们的运营成本。荣誉称号则可以提升企业或组织的社会形象，对那些注重品牌建设的参与者来说是一种很好的激励。项目资金则可以直接支持各方开展与跨界协同相关的特定项目。

### （三）动态调整

跨界协同不是一个静态的过程，随着合作的深入发展，各方的角色、贡献度以及面临的环境都可能发生变化。所以，奖励标准也需要根据实际情况进行动态调整，以确保激励机制的持续有效性。例如，在一个新兴科技领域的跨界协同项目初期，可能对技术研发的贡献给予较高的奖励权重，但随着项目发展到应用推广阶段，对市场推广和用户获取方面的贡献就可能需要提高奖励权重。

## 三、建立公平公正的激励机制

### （一）透明化操作

激励机制的设计和实施过程应公开透明，这是建立信任的基础。所有参与方都应该能够清楚地了解激励机制是如何设计的，奖励标准是如何确定的，以及如何进行评估和奖励发放等环节。只有这样，才能确保所有参与方都能了解并认同。例如，在一个跨部门的政府项目协同中，将激励机制的详细内容在官方网站上公布，包括各项指标的计算方法、评审流程等，接受各方的监督。

### （二）监督与反馈

建立监督机制，对激励机制的执行情况进行监督是必不可少的。同时，也要及时收集各方反馈，以便进行必要的调整和优化。在跨界协同的过程中，可能会出现一些意想不到的情况或者不公平的现象，如果没有有效的监督和反馈机制，这些问题可能会逐渐积累，影响合作的积极性。比如，可以设立专门的监督小组，定期检查激励机制的执行情况，并且通过问卷调查、座谈会等方式收集各方的意见和建议。

### （三）强化责任与义务

在享受奖励的同时，也应明确各方的责任和义务，确保跨界协同的顺利进行。每个参与方都不能只追求奖励而忽视自己在合作中的责任。例如，在一个国际科研跨界协同项目中，各方在获得项目资金支持（奖励的一种形式）的同时，必须按照预定的计划开展研究工作，按时提交研究成果，并且要遵守相关的科研伦理规范。

## 四、加强沟通与协作

### （一）设立定期沟通会议

定期的沟通会议，就像是在合作的道路上设置的一个个驿站，各方可以在这里交流进展情况、分享经验和解决问题，从而促进彼此之间的信息交流，加强协作。例如，在一个影视制作的跨界协同项目中，涉及影视公司、演员经纪公司、特效制作公司等多方。每周举行一次沟通会议，影视公司可以在会议上通报拍摄进度，演员经纪公司可以反馈演员的状态和需求，特效制作公司则可以介绍特效制作的计划和遇到的技术难题，大家共同商讨解决方案。

### （二）建立信息共享平台

利用信息化手段，建立信息共享平台，方便各方随时了解跨界协同的进展情况。这个平台可以包含项目文档、数据资料、实时动态等各种信息。如一个跨地区的商业连锁跨界协同项目，各地的门店、供应商、物流企业等都可以通过这个信息共享平台，及时获取商品库存、销售数据、物流运输等信息，从而更好地协调各自的工作，提高整个协同项目的效率。

### （三）团队建设活动

如户外拓展、文化交流活动等团队建设活动，可以增强各方之间的信任和合作意愿，为激励机制的实施创造良好的氛围。例如，在一个跨国企业的跨界协同项目中，来自不同国家的员工参加户外拓展活动，在活动中大家相互合作、相互帮助，增进了彼此的了解和信任，从而在日常的工作协作中更加顺畅，也更有利于激励机制发挥作用。

# 五、引入第三方评估与监督

第三方评估机构具有独立性和专业性的优势，能够以更加客观的视角来审视整个跨界协同项目。因此，为确保激励机制的公平性和有效性，可以引入第三方评估机构对跨界协同的成效进行评估和监督。这有助于发现潜在的问题和不足，并及时进行改进和优化。例如，在一个大型的基础设施建设跨界协同项目中，引入专业的工程咨询公司作为第三方评估机构，他们可以对工程质量、进度控制、成本管理等方面进行全面评估，并且对激励机制是否有效地促进了各方的积极性进行监督。如果发现某些奖励标准不合理或者激励措施没有达到预期效果，就可以提出改进建议。

# 六、进行案例分析与实践探索

## （一）成功案例借鉴

分析国内外跨界协同的成功案例，借鉴其激励机制的设计和实施经验也是重要的一环。世界上有许多成功的跨界协同案例可供学习。如美国的硅谷就是一个典型的科技产业跨界协同的成功范例，众多的高科技企业、科研机构、风险投资公司等在这里相互合作、协同发展。他们的激励机制包括对创新的高额奖励、风险共担和利益共享的合作模式等，这些经验都可以为其他地区或行业的跨界协同提供有益的借鉴。

## （二）实践探索与创新

结合实际情况，不断探索和创新激励机制的设计和实施方式，以适应跨界协同的不断发展变化。每个跨界协同项目都有其独特之处，不能完全照搬其他案例的经验。例如，随着人工智能技术的发展，一些新兴的跨界协同项目如医疗与人工智能的结合，就需要根据这个领域的特点，探索新的激励机制。可能需要对数据共享、算法研发等方面的贡献进行特殊的奖励设计，以鼓励更多的参与者投入这个创新的跨界协同项目中。

总之，建立有效的激励机制需要明确激励目标、设定合理的奖励标准、确保公平公正、加强沟通与协作、引入第三方评估与监督以及进行案例分析与实践探索。这些措施将有助于激发各方在跨界协同中的积极性，促进合作深入发展，并最终实现共赢局面。

# 第五节　跨界协同理论在文化传承中的应用

在全球化的时代背景下，文化传承面临着前所未有的机遇与挑战。一方面，随着现代科技的飞速发展以及各种新兴文化形式的不断涌现，传统文化的生存空间似乎在逐渐被挤压；另一方面，人们对传统文化价值的认识也在不断深化，渴望在现代社会中找到传统文化传承与发展的新路径。在这样的大环境下，跨界协同理论犹如黑暗中的明灯，在文化传承中发挥出了至关重要的作用，为传统文化的保护、传承与创新提供了全新的思路和可行的路径。下文将对跨界协同理论在文化传承中的应用进行详细分析。

## 一、文化与科技的深度融合

我们身处在一个数字化浪潮席卷一切的时代，科技的发展日新月异，技术的革新推动着各行业的创新。在这样的环境下，传统文化与现代科技的跨界融合已然成为了一种不可阻挡的趋势。

现代科技为传统文化的保护、传承与创新带来了千载难逢的机遇。随着数字化技术的蓬勃发展，传统文化资源能够被高效地存储起来。而且，这些资源的检索变得更加便捷，使人们能够迅速准确地找到所需的文化瑰宝。更重要的是，其传播范围得到了极大的拓展，借助互联网这个庞大的网络体系，传统文化能够跨越地域的限制，让世界各地的人们都有机会便捷地接触到。

现代科技打开了传统文化全新展示和传播的大门。通过3D建模、虚拟现实（VR）、增强现实（AR）等在当今科技领域处于尖端地位的技术，传统文化得以挣脱传统展示方式的束缚，以一种令人惊叹的全新方式呈现和传播。例如，充满创意的数字艺术作品借助互联网这个强大的平台，像插上了翅膀一样，广泛地传播开来。互联网打破了地域、时间的限制，将全球连接成一个紧密的整体。这些数字艺术作品借助互联网的力量，突破了传统传播的界限，只要有网络的地方，文化就能够毫无阻碍地触及全球受众。同时，3D建模、VR、AR等技术的应用，也为传统文化的沉浸式体验提供了无限可能。观众不再是被动地观看，而是仿佛穿越时空，走进真实的传统文化世界，置身于古老的文化场景之中，身临其境地看到金碧辉煌的宫殿建筑，听到悠扬的宫廷音乐，感受到古代宫廷礼仪的庄严肃穆，从而更加深入地理解传统文化的内涵，感受传统文化的魅力并且在心底油然而生一种对传统文化的强烈认同感。他们可以近距离欣赏古代建筑的精美细节，感受传统戏曲表演的震撼，仿佛置身于历史的长河之中，与古人进行一场跨越时空的对话。

### （一）创新艺术形式

跨界理论就像一位充满创意的艺术家，不断地促使传统文化与现代艺术形式进行深度融合。在现代社会，非遗元素蕴含着无尽的文化宝藏。当这些非遗元素创新性地融入现代动画、视觉传达、环境设计、产品设计、时尚设计等领域时，不仅极大地丰富了艺术作品的文化内涵，而且精准地满足了现代社会人们多样化的审美需求。这种跨界融合为文化传承提供了独特的新视角，让传统技艺在现代科技的强大助力下重新焕发生机，逐渐"活"起来，"火"起来。传统的手工艺不再仅仅是陈列在博物馆里的展品，而是成为了现代生活中充满活力的一部分。例如，在现代动画作品中融入传统剪纸艺术的元素，那些灵动的剪纸形象在动画中跳跃、奔跑，让古老的剪纸艺术在现代动画的舞台上展现出全新的魅力，吸引了众多观众尤其是年轻观众的目光。这不仅让传统技艺得到了更广泛的传播，还加深了公众对传统文化的认识和兴趣，激发了他们深入了解传统文化的欲望。

### （二）拓展传承渠道

跨界协同就像一座桥梁，有效地拓展了传统文化的传承渠道。在现代社会，各个领域都有着自身独特的资源和优势，当传统文化与高校、企业、社会组织等多方展开合作时，就汇聚了众多力量，形成了合力，共同推动传统文化的传承与发展。例如，高校在现代社会的文化传承体系中扮演着至关重要的角色，尤其是高校的数字艺术教育，使高校成为文化传承人才孵化基地，不断利用数字技术这个强大的工具，将传统文化与现代设计巧妙地结合。在课堂上，学生们在老师的指导下，通过学习数字技术，将古老的文化元素融入现代设计作品中，他们则化身为文化传承的使者，通过自己的创作为传统文化赋予新的生命，从而培养出了一批又一批具有创新精神和专业技能的人才，在社会的各个领域，为传统文化的传承和创新贡献着自己的力量。

### （三）与产业的跨界融合

传统文化与产业的跨界融合是文化传承进程中至关重要的一环。在现代社会的经济浪潮中，产业的发展犹如一艘艘巨轮，而传统文化元素就像是船帆上独特的标志。通过将传统文化元素融入现代产业，能够创造出别具一格、拥有独特文化内涵的产品和服务，进而大力推动文化产业的蓬勃发展。例如，非遗技艺与现代设计相结合时，就如同古老的智慧与现代创意之间的一场精彩对话。非遗技艺所蕴含的精湛手工技艺、独特的图案样式以及深厚的文化底蕴，与现代设计注重的简洁线条、创新理念和时尚审美趣味相互交融。设计师们从非遗技艺中汲取灵感，经过精心构思和巧妙设计，打造出既散发着传统文化的古朴韵味，又不失现代审美趣味的设计佳作。这些作品，不仅极大地丰富了文化市场的供给，满足了消费者对于独特文化产品的需求，还将消费者带入了一个融合传统与现代的文化体验空间，提升了他们的文化体验。

### （四）与教育的跨界融合

教育是文化传承的核心阵地，守护着文化的火种代代相传。将传统文化融入教育体系，在年轻一代的心田里播下了文化的种子，能够有效地培养他们对传统文化的浓厚兴趣和深深的认同感。

高校在文化传承的宏大画卷中扮演着举足轻重的角色。高校拥有丰富的文化资源，这里汇聚了来自不同历史时期、不同地域的文化典籍、研究成果等，还具备专业的研究团队，学者们深入挖掘传统文化的奥秘。同时，高校还拥有先进的教学设施，为文化传承提供了坚实的物质基础，并通过多种方式将传统文化知识传授给学生。例如，开设古代文学、传统艺术、历史典籍、民俗文化等各个方面丰富多彩的传统文化课程，绘声绘色地讲述着传统文化的故事，引导学生深入探究其中的智慧。此外，高校通过举办传统文化知识竞赛、民俗文化展览、传统艺术表演等各种各样的文化活动，吸引着学生们积极参与，让他们在轻松愉快的氛围中感受传统文化的魅力，从而逐渐培养起他们的文化素养和审美能力。

### （五）多元利益相关者的参与

协同理论强调多元利益相关者共同参与和合作。文化传承是一个宏大的工程，政府、社会组织、专家学者、民众等多方利益相关者都发挥着不可或缺的作用。其中，政府就像掌舵者，通过制定政策、提供资金支持等方式为文化传承保驾护航；社会组织像是敏锐的观察者和协调者，在不同的群体之间搭建沟通的桥梁，促进各方的合作；专家学者凭借自己的专业知识和深入研究，提供技术指导和理论支持；民众则是文化传承的根基，滋养着文化传承的大树。这些多方利益相关者通过协商、合作与参与，共同制定保护方案和政策，绘制文化传承蓝图，促进传统文化的合理保护，并整合各方资源和智慧，形成强大的合力，推动传统文化的传承与发展。

## （六）资源共享与整合

协同理论犹如高效的资源调配中心，注重资源共享与整合。在文化传承的复杂网络中，各相关方通过共享资源、整合优势，形成合力，提高传统文化的保护和发展水平。例如，政府作为公共资源的管理者，有着丰富的经济资源和强大的政策制定权，能够提供经济资助和政策支持；专家学者凭借自己的专业知识和研究成果提供技术指导；社会组织则利用自己在社会中的广泛联系和影响力，提供法律保障、宣传推广等各种各样的服务。各方资源通过这样的共享与整合，共同推动传统文化的传承与创新。

## （七）构建协作机制

为了实现协同目标，需要通过建立协作平台、制定协作规则、明确各方职责等方式，构建有效的协作机制。例如，建立非遗保护协作机制，将政府、高校、企业、非遗传承人等多方力量纳入其中。政府发挥宏观调控的作用，高校提供人才和技术支持，企业带来市场资源和创新活力，非遗传承人则传承文化技艺。各方相互协作、相互促进，共同推动非遗的传承与创新。

# 二、案例分析

以福建泉州为例。泉州是中国唯一独揽联合国教科文组织认证的三大类别非物质文化遗产项目的城市，彰显了泉州深厚的文化底蕴。泉州积极应用跨界与协同理论，取得了显著成效。高校学子积极参与代言与传承泉州非物质文化遗产，传播泉州文化。他们凭借年轻和蓬勃朝气，带着对本土文化的热爱和对传统文化传承的责任感，以青春力量推动本土文化的传播。他们通过线上线下双轨并行模式进行。在线上，利用互联网平台展示自己的数字艺术创作，通过社交媒体、文化网站等渠道迅速传播。这种线上传播打破了地域的限制，让更多的人能够看到泉州的非遗文化。在线下，则积极参与各种文化展览、活动等，将自己的创作作品以实物的形式展示给观众，让观众能够近距离地感受文化的魅力。双轨并行模式激发了学生们的创作激情，他们不断挖掘泉州非遗文化的内涵，将其与现代艺术形式相结合，创作出更多优秀的作品，为非遗的推广拓展了新维度。

泉州还积极与高校、企业等合作，凝聚合力。例如，与上海音乐厅合作举办"数字缪斯——2024 音乐科技融创节"。活动中，泉州将自己的世界非物质文化遗产——南音，以创新的数字呈现手法进行诠释。通过高科技的舞台设备、多媒体展示等手段，让南音不再是古老而遥远的传统音乐，而是以一种充满现代感和科技感的形式呈现在观众面前。这种跨界协同模式，不仅让泉州的非遗文化在更广阔的舞台上得到展示，也吸引了更多人的关注。

## 三、其他应用场景

### （一）政府、企业与社会组织的协同合作

在文化传承这个宏大的事业中，政府、企业和社会组织各自掌握着不同的资源，具备独特的优势，是不可或缺的三大主体。其中，政府作为社会的管理者和引导者，在文化传承方面发挥着根本性的支持作用。政府可以出台一系列的支持政策，为文化传承创造一个稳定、有利的政策环境。同时，政府还能够提供资金保障。例如，政府可以设立专项文化传承基金，对文化遗产保护项目、传统文化教育活动等给予资金支持，确保这些工作能够顺利开展。

企业作为市场经济的主体，拥有强大的市场优势和敏锐的创新能力，能够将传统文化元素巧妙地融入产品和服务之中。以文化创意产业中的企业为例，它们可以根据市场需求和消费者喜好，将传统文化元素进行创新设计，开发出具有文化内涵的文化产品、旅游纪念品等。这样不仅能够推动文化产业的发展，还能让传统文化在市场中焕发出新的生机与活力。

社会组织则发挥着桥梁的作用，能够将政府、企业和民众紧密地连接在一起，促进各方之间的沟通与协作。社会组织可以深入基层，了解民众对传统文化的需求和期望，然后将这些信息反馈给政府和企业。同时，社会组织还可以组织各种文化传承的公益活动，吸引民众积极参与，推动文化传承深入到社会的每一个角落。

### （二）跨学科、跨领域的协同研究

传统文化的传承与发展是一个复杂的系统工程，需要跨学科、跨领域的协同研究。不同学科和领域的研究者从不同的角度和视角出发，从不同的方向对传统文化进行精雕细琢，深入挖掘和解读其中的奥秘。例如，历史学、文学、艺术学等学科的研究者之间可以建立跨学科、跨领域协同研究团队。其中，历史学研究者可以追溯传统文化的历史渊源，探寻文化的源头及其在历史长河中的发展演变；文学研究者能够深入剖析传统

文化中的文学作品，解读其中蕴含的思想情感、文化价值以及艺术特色；艺术学研究者则可以从艺术的角度，研究传统文化中的绘画、雕塑、音乐等艺术形式，探寻其独特的艺术风格和表现手法。而计算机科学、信息技术等学科的研究者则可以利用现代科技手段，如大数据分析、人工智能等，对传统文化进行数字化处理和传播。例如，通过大数据分析，了解不同地区、不同年龄群体对传统文化的喜好和需求，从而有针对性地进行文化传播；利用人工智能技术，可以开发出智能文化导游系统，为游客提供更加个性化的文化体验。

### （三）国际的协同合作

在当今这个全球化的时代，国际的协同合作对于传统文化的传承与发展具有不可估量的意义。不同国家和地区的文化各自散发着独特的魅力和价值。通过国际的交流和合作，不同的文化相互映衬、相互借鉴，促进文化的相互交融。例如，可以举办国际性的文化交流活动、展览和研讨会等，来自不同国家和地区的文化在这里尽显风采。各国的传统艺术表演、民俗展示等活动让人们领略到不同文化的独特魅力；在展览中，各国的文物、艺术品等在这里展出，人们可以近距离欣赏到不同文化的瑰宝；研讨会如同智慧的碰撞场，各国的学者和专家们齐聚一堂，分享各自在文化传承方面的经验和研究成果，共同探讨文化传承的新思路和新方法。同时，也可以通过国际合作项目共同推动传统文化的保护和发展。例如，在保护世界文化遗产方面，不同国家可以共同投入资金、技术和人力，对跨国的文化遗产进行保护和修复。这种国际的合作不仅能够保护好珍贵的文化遗产，还能增进各国之间的理解和友谊。

## 四、跨界协同理论在文化传承中的实践案例

### （一）数字博物馆的建设

数字博物馆无疑是跨界协同理论在文化传承中的典型应用之一。在信息技术飞速发展的时代背景下，数字博物馆应运而生。通过数字化技术，博物馆的文物资源就像是经历了一场神奇的变身，从实体的、只能在特定场所观赏的物品，变成了可以在网络空间中自由传播和展示的数字宝藏。这些数字博物馆提供了一种更加便捷的浏览方式，让人们随时随地都能够通过网络浏览和欣赏文物资源。通过虚拟现实（VR）、增强现实（AR）等前沿技术，则可以为观众带来前所未有的沉浸式体验。例如，当浏览一件古老的青铜器文物时，借助VR技术，人们仿佛能够亲手触摸并身临其境地感受文物的魅力

和历史背景，从而加深对传统文化的理解和认同。

## （二）非遗技艺的传承与创新

非遗技艺是传统文化的重要组成部分。运用跨界协同理论，可以推动非遗技艺的传承与创新。例如，可以邀请非遗传承人、设计师和数字艺术专家共同讲授非遗技艺的深层文化解读和现代设计理念的应用；同时也可以通过数字化手段和创新设计将非遗技艺融入现代产品和服务中，推动非遗技艺的产业化发展。

综上所述，跨界与协同理论在文化传承中发挥着重要作用。通过跨界融合和协同合作，可以推动传统文化的保护、传承与创新，让古老的文化智慧在数字时代焕发生机。

第六章

跨界协同：高校图书馆地方历史文化传承新路径

# 第一节　高校图书馆跨界协同的内涵与意义

在当今社会的多元发展格局下，高校图书馆已经不只是传统意义上的知识储存与借阅场所，它在地方文化传承方面开始承担起更为重要的角色，其中跨界协同的方式被逐渐重视起来，这一方式既具有必要性，也具备可行性。下面将对这两个方面进行详细的阐述。

## 一、跨界协同的内涵

高校图书馆地方文化传承跨界协同是指高校图书馆依托自身优势，与地方社会文化团体、研究机构、政府部门等通过加强互动与合作，共同致力于地方文化的传承与发展的一种创新服务模式。

高校图书馆在整个文化体系中占据着举足轻重的地位，是文化传承与创新的重要阵地，宛如一座巨大的文化宝库，收藏着海量的图书资料，涵盖了国内外从古至今各种知识信息和文明成果。高校图书馆不仅是知识的存储地，更是肩负着弘扬中华优秀传统文化、促进文化繁荣与发展的重要使命。在时代的浪潮中，高校图书馆如同一艘文化航母，承载着知识传播、文化传承的重任，为广大师生以及社会各界人士提供源源不断的精神食粮。

地方文化是一个地区在长期历史发展过程中形成的独特文化现象和文化传统。每一个地方都有着自己独特的历史脉络、风土人情、民俗习惯等相互交织的元素，构成了丰富多彩的地方文化。地方文化传承就是指通过教育、传播、保护等方式，使这些文化传统得以延续和发展。一代又一代的人接过传承地方文化的接力棒，将地方文化的精髓传递下去。地方文化不仅是简单的记忆保留，更是一种文化基因的延续。

在高校图书馆地方文化传承的语境下，跨界协同意味着图书馆需要与其他机构、组织或个人进行合作，共同推动地方文化的传承与发展。高校图书馆与地方社会文化团体、研究机构、政府部门等各具优势，通过跨界协同，可以整合各方资源，形成强大的合力。

## 二、跨界协同的意义与价值

### （一）促进地方文化保护与传承

通过跨界协同，高校图书馆可以与其他机构共同致力于地方文化的保护与传承工作，防止地方文化因缺乏关注和保护而逐渐消失。地方文化是一个地区的灵魂所在，一旦消失，就如同一个民族失去了自己的记忆。例如，一些古老的地方方言，如果没有得到有效的保护和传承，可能在几代人之后就会失传。而高校图书馆与其他机构的合作，可以通过记录方言、整理方言相关的文化作品等多种方式保护和传承这些珍贵的地方文化元素，并充分发挥自身优势，促进地方文化在资源整合、创新发展等方面的繁荣和发展，为地方文化建设注入新的活力。

### （二）弘扬和传承中华文化

随着现代社会的快速发展，人们的生活节奏加快，文化传承面临着诸多挑战。许多"本地人"虽然生活在自己的家乡，但由于现代教育体系、生活方式的变化等因素，对自己生活地区的特色文化了解甚少。他们可能知道一些表面的文化现象，但对于深层次的文化内涵、历史渊源等却知之甚少。而对于"外地人"来说，他们大多只是通过网络媒体碎片化的信息或者短暂的旅游观光形式对地方文化有所认识，这种认识往往是浅层次的、片面的。从弘扬和传承中华文化的宏观角度出发，高校图书馆作为文化知识的宝库，理所当然要融入地方文化。地方文化是中华文化的重要组成部分，是每一个地区都有的独特的文化瑰宝。高校图书馆可以通过自身的资源和影响力，发掘可能被遗忘的地方文化元素，抢救面临失传危险的传统技艺、民俗活动等文化遗产，广泛搜集民间的文化资料，并对其进行系统的整理。然后，利用自身的平台和渠道，将地区内的特色文化传播出去，让更多的人了解到地方文化的魅力和价值，从而实现中华文化在地方层面的传承和弘扬。

### （三）推动文化多样性与社会进步

地方文化是中华文化的重要组成部分。通过跨界协同推动地方文化传承与发展，有助于维护文化多样性，促进社会进步与发展。不同的地方文化蕴含着不同的价值观、思维方式和创新理念，这些文化元素相互交流、融合，可以激发社会的创造力，推动社会在文化、经济、科技等各个领域的发展。

### （四）提升图书馆服务质量和影响力

通过参与地方文化传承工作，高校图书馆可以拓展服务领域，提升服务质量和社会影响力。在传统观念中，图书馆可能只是一个借阅图书的场所，但通过参与地方文化传承，它可以成为地方文化研究、展示、交流的中心。例如，图书馆举办的地方文化展览吸引了大量的观众，这些观众可能原本对图书馆并不了解，但通过展览，他们不仅对地方文化有了更深入的认识，也对图书馆的功能有了新的认知。同时，这也有助于图书馆在文化传承与创新方面发挥更大的作用。

### （五）满足学生就业需求

现代高校的人才培养目标和定位是紧密围绕着社会需求来制定的。在就业市场中，服务地方和区域经济已经成为大多数学生就业的主要渠道。这是因为地方和区域经济的发展需要各类专业人才的支持，而高校作为人才的输出地，自然要与地方需求相契合。高校图书馆作为高校知识资源体系的重要组成部分，在这个过程中发挥着不可忽视的作用。为了让学生能够更好地适应这种就业趋势，高校图书馆需要引入丰富的关于地方文化方面的书籍。这些书籍涵盖了地方的历史、民俗、艺术等诸多方面。对于学生而言，他们在学校中接受的多是普遍性的知识教育，而地方文化知识的补充则能够提升他们的综合素质。当他们毕业后面向地方就业时，这些知识将帮助他们深入了解地方的风土人情和文化。例如，一个即将进入当地旅游行业工作的学生，通过阅读图书馆里关于地方文化的书籍，能够详细知晓本地独特的民俗节庆、传统美食、古老建筑背后的故事等，从而在工作中更好地向游客介绍当地的特色，提升自己的工作能力和竞争力。

总之，高校图书馆地方文化传承跨界协同是一种重要的服务模式，它有助于推动地方文化的保护与传承工作，提升图书馆服务质量和影响力，并推动文化多样性发展与社会进步。在未来的发展中，我们应该更加重视这种跨界协同模式，不断探索和创新，让地方文化在新时代焕发出新的活力。

# 第二节 高校图书馆地方文化传承跨界协同的天然优势

高校图书馆作为学术研究、知识信息传播、文明传承的重要场所，承载着保护和传承地方文化的天然职责。它们通过搜集整理、保存和传播地方文献资源，为地方文化的传承与发展提供了坚实的保障，形成了在地方文化传承跨界协同方面的天然优势。下面具体加以分析。

## 一、文献资源优势

在当今社会，文化传承与发展日益受到重视。高校作为知识的汇聚地，其图书馆所蕴含的文献资源宝藏是不可忽视的。高校图书馆的文献资源，从古老的经典著作到现代的前沿学术研究成果，涵盖了方方面面；各专业与综合性期刊，记录着不同领域、不同时期的学术动态、社会现象以及文化发展轨迹；功能强大的数据库，存储着海量的学术文献、统计数据、历史资料等信息。这为地方文化传承提供了坚实的基础。

## 二、专业人才优势

高校图书馆的馆员具有不同专业背景、不同技能特长，在长期的学习、培训以及实践工作中，逐渐形成了较高的综合素质，各类馆员之间相互搭配，形成了一个有机的知识信息利用人才整体。在文献搜集方面，熟知各种文献的来源渠道，无论是国内还是国外的文献资源，都能通过专业的检索工具和丰富的经验进行挖掘；在文献整理方面，能够按照科学的分类体系，将杂乱无章的文献资料整理得井井有条，方便用户查找和使用；在情报咨询服务方面，能够凭借自己深厚的专业知识和广泛的知识面，为用户提供准确、全面的信息服务。馆员都能够熟练应用计算机技术这一信息社会的核心工具，能够快速响应应用户需求，不论查询地方文化历史资料，还是获取最新的文化研究成果，都能满足地方文化传承的需求，为地方文化传承提供全方位的服务支持。

# 三、科技优势

高校是人才的高地，高科技人才和科研队伍聚集。这些人才拥有着深厚的学术造诣、敏锐的创新思维以及强大的科研能力，从而使得高校具有较强的科技实力。

处于这样一个充满科技活力的环境之中，高校图书馆可以凭借这种优势，开拓出许多新型的服务模式。例如在数字化、智能化等前沿领域，利用先进的数字技术将地方文化的珍贵资料进行数字化保存，将容易损坏的纸质文物、古老的手稿等转化为数字格式，不仅便于长久保存，还能让更多的人通过网络平台进行浏览和学习。在智能化服务方面，借助人工智能技术为用户提供更加个性化的地方文化信息推荐，根据用户的兴趣爱好、浏览历史等因素，精准推送与之相关的地方文化内容。这些创新服务能够为地方文化传承提供强有力的技术支持，助力其在时代的浪潮中稳步前行。

# 四、跨界协同经验

高校图书馆在跨界合作方面已经开启了初步的探索之路，积累了一定的宝贵经验。例如，与出版机构相互协作，实现了资源的共享与互补。出版机构拥有丰富的出版资源，包括最新的学术著作、文化普及读物等，高校图书馆则可以为出版机构提供学术研究的反馈和读者需求信息，同时还能借助出版机构的力量推广自身的文化服务和特色馆藏。

与公共图书馆的协同方面，二者虽然服务对象和定位有所不同，但通过合作可以实现优势互补。例如，高校图书馆可以将自身的专业资源与公共图书馆的广泛社会受众相结合，开展联合阅读推广活动，让地方文化知识深入到更广泛的社会群体中。

在与企业创新方面的合作中，高校图书馆为企业提供丰富的文献情报资源支持，帮助企业在技术创新、文化创意等方面获取更多的知识和灵感。企业则可以为高校图书馆提供实践应用的场景和部分资金支持，促进高校图书馆的服务创新。

在社区服务方面，高校图书馆积极走进社区，与社区建立紧密的联系。通过举办文化讲座、展览等活动，将地方文化知识传播到社区居民中，提高居民对地方文化的认知和热爱。

这些与出版机构、公共图书馆、企业创新、社区服务等机构的跨界合作，成功实现了以文献信息资源为基础的系列资源优化整合，为地方文化传承的跨界协同提供了有益的借鉴。

# 五、政策支持

随着文化软实力在国家综合竞争力中的地位日益凸显，国家和地方政府对地方文化传承给予了前所未有的高度重视。地方文化是一个地区的灵魂，是民族文化多样性的重要体现，保护和传承地方文化成为了各级政府的重要使命。高校图书馆作为知识传播和文化传承的重要阵地，也受到了国家和地方政府的大力支持。政府通过制定一系列详细、全面的相关政策和规划，从资金投入、项目扶持、人才培养等多个方面为高校图书馆的发展保驾护航。这为高校图书馆在地方文化传承中的跨界协同提供了有力的政策保障。例如，政府设立专项基金鼓励高校图书馆与其他机构开展跨界合作项目，对在地方文化传承中有突出贡献的高校图书馆给予表彰和奖励，在人才引进方面给予政策倾斜，确保高校图书馆有足够的专业人才参与到地方文化传承的跨界协同工作中。

总之，通过跨界协同，高校图书馆可以进一步发挥自身的优势和作用，打破原有的界限和局限，将文献资源优势、科技优势、人才优势充分整合起来，在相关政策的有力支持下，推动地方文化的传承和发展，让地方文化在新时代焕发出新的生机与活力。

# 第三节　新型文献的出现带来了更大可能

在漫长的历史长河中，传统文献一直是知识记录、传播的主要载体，但随着信息技术的发展，文献的形式也发生了巨大的变化，一种全新的文献形式——新型文献应运而生。它的出现为一切知识的记录、传播和获取带来了前所未有的方式革新和应用便利，也为文化传承带来了无限可能。接下来，对新型文献进行详细的介绍。

## 一、定义与特点

新型文献是在现代信息技术蓬勃发展的背景下诞生的一种特别的文献呈现形式。它借助现代信息技术手段，通过数字化、网络化、多媒体化等多种方式来展现知识内容。这种文献形式彻底打破了传统文献长久以来在载体、形式以及传播等诸多方面所受到的限制。

传统文献的载体往往局限于纸张等实物，形式较为单一，传播途径也相对固定和有限。而新型文献具有以下几个方面的特点：一是信息量极为庞大，如同一个知识的浩瀚海洋，几乎可以容纳海量的信息内容。这是因为数字化的存储方式能够轻松地保存大量的数据，而且更新速度非常快，能够紧跟时代发展的节奏，让读者获取到最新的知识成果。二是检索更为便利，新型文献有着极大的便利性，为读者提供了多种检索途径，如同在知识的迷宫里设置了多个导航标识，读者可以根据自己的需求快速准确地找到想要的信息。三是交互性极强，读者不再是单纯的信息接受者，而是能够与文献内容进行互动，比如在电子文献中发表评论、进行标注等操作功能，这使得知识的传播和交流更加生动和深入。

## 二、主要类型

### （一）电子数字型文献

电子数字型文献是一种以计算机处理技术为核心来记录信息的文献形式，计算机技术的飞速发展为其提供了强大的技术支撑。这种文献形式通常会被存储在计算机硬盘、光盘等介质之上。计算机硬盘有着巨大的存储空间，可以容纳海量的电子数字型文献，而光盘则具有便携性和相对稳定的数据存储特性。这些存储在不同介质上的电子数字型文献能够通过网络进行传输和共享。电子数字型文献具有检索途径多样的优点，可以按照关键词、作者、日期等多种方式进行检索。其信息存储量巨大，无论是大型的学术数据库还是小型的个人知识库，都能够轻松应对。同时，由于其数字化的特性，使其易于复制和传播，就像数字信号一样，可以快速地在不同的设备和用户之间传递。

### （二）多媒体文献

多媒体文献是一种富有创意和表现力的文献形式，巧妙地结合了文字、图像、音频、视频等多种媒体元素。在这个信息多元化的时代，单一的文字表达已经难以满足人们对于知识获取的需求，多媒体文献的出现正好弥补了这一不足。例如，在讲述历史事件时，不仅可以用文字详细地描述事件的来龙去脉，还可以插入相关的历史图片，让读者直观地看到当时的场景，再配合上一段音频，如当时的人物演讲或者背景音，能够让读者身临其境。如果再加上视频资料，如历史纪录片的片段，就更能生动地展示信息内容，大大提高读者的阅读体验和对知识的理解效果。这种文献形式就像是一场丰富多彩的知识盛宴，能够从多个感官角度刺激读者，让知识的传递更加立体和深刻。

### （三）齐平面文献

齐平面文献是一种基于互联网这一强大平台而产生的新型文献形式。在互联网的大环境下，信息传播和展示方式不断创新。齐平面文献的独特之处在于它将传统的单一线性文本转化为多个同级的水平板块，这些板块就像是一个个相互关联又各自独立的知识小单元，各单元之间可以根据内容的逻辑关系或者读者的需求相互关联，形成一个有机的整体；同时每个板块也可以独立存在，读者可以根据自己的兴趣和阅读目的选择不同的板块进行阅读。这种方式提供了更多样化的阅读方式和可能性。在视觉效果方面，齐平面文献相较于传统的线性文本有着很大的优势。传统线性文本往往是按照顺序依次排列，形式较为单调；而齐平面文献通过独特的板块布局和设计，在视觉上更加直观、生动，能够更好地吸引读者的注意力。在交互体验上，齐平面文献也更胜一筹，读者可以更加自由地在各个板块之间切换，深入挖掘自己感兴趣的内容，从而更直观、更生动地理解作者想要表达的信息。

# 三、优势与应用

## （一）优势

新型文献有着诸多显著的优势，在各个领域发挥着重要作用。

首先，信息量超大且更新迅速。现代社会的科研成果如同井喷般涌现，学术动态也瞬息万变。新型文献以其独特的架构和存储方式，能够容纳海量的信息内容。无论是复杂的科学理论、详尽的实验数据，还是各种学科的前沿观点，都能被涵盖其中。而且，得益于信息传播技术的发展以及各个学术团体、研究机构之间高效的信息交流机制，它更新速度极快，一旦有新的科研成果诞生，新型文献就能迅速将其收纳并整合，从而及时反映最新的科研成果和学术动态，让使用者能够紧跟时代的步伐，第一时间获取到最前沿的知识信息。

其次，检索方便且效率高。现代信息技术为新型文献的检索功能提供了强大的支撑。借助先进的检索技术和复杂而精准的算法，新型文献能够实现快速、准确的检索。在庞大的文献数据库中，用户只需输入关键词或者相关的检索条件，就能迅速定位到自己所需的信息。这种高效的检索方式极大地提高了用户获取信息的效率，节省了用户在海量信息中查找资料的时间和精力，使用户能够更加专注于对信息的分析和利用。

再次，交互性强且体验好。与传统文献的静态阅读方式不同，新型文献通常具有很强的交互性。在电子设备上，用户可以通过点击、拖拽等方式与文献内容进行互动。例如，当阅读一篇关于历史事件的文献时，用户可以点击文中提到的人物或地点，获取更详细的补充信息；在阅读科学实验报告时，用户可以拖拽图表进行更细致地观察。这种交互性大大提高了阅读体验和理解效果，让读者不再是被动地接受信息，而是能够主动地探索和挖掘知识。

另外，支持多种表达方式。新型文献能够很好地支持文字、图像、音频、视频等多种表达方式。对于作者来说，这给予了他们更多的创作自由和发挥空间，使他们更加具有想象力和创意。比如，在讲述一个文化故事时，作者既可以用文字描述故事的情节和背景，又可以插入相关的图片展示故事中的场景，还可以配上音频来营造氛围，甚至加入视频让故事更加生动形象。这种多元化的表达方式能够更全面、深入地传达信息，满足不同读者的需求。

最后，应用领域广泛。新型文献在教育、科研、文化、娱乐等多个领域都有广泛的应用前景。在教育领域，随着教育理念的不断更新和教学方式的逐步变革，新型文献可以为学生提供更丰富多样的学习资源。教师可以利用新型文献中的多媒体元素，如动画、视频等，更生动地讲解抽象的知识概念，激发学生的学习兴趣。学生也可以根据自己的学习进度和需求，自主选择不同类型的新型文献进行学习，无论是预习、复习还是拓展知识面，都能从中受益。在科研领域，科研工作是一个对信息要求极高的领域。新型文献可以为科研人员提供更全面深入的学术资料。科研人员在进行研究时，需要查阅大量的前人研究成果，新型文献的信息量大且检索方便的特点能够帮助他们快速获取所需信息。同时，新型文献支持多种表达方式的特性也有助于科研人员更好地展示自己的研究成果，使他们的研究报告更加直观、清晰。

## 四、发展趋势

未来，随着信息技术的不断发展和创新，新型文献将呈现出以下发展趋势。

数字化程度不断提高。在当今数字化浪潮的推动下，信息技术的发展日新月异。未来，依赖于数字化技术水平和能力的提高，新型文献将实现更高程度的数字化处理和存储，能够更加高效地整合和管理海量的信息资源，传播过程中更加便捷并进一步突破地域和时间的限制，只要有网络连接，用户就能随时随地获取和使用新型文献。

多媒体化趋势明显。随着人们对信息获取体验要求的不断提高，多媒体元素将更多地被融入新型文献中，以提高信息的表达效果和读者的阅读体验。多媒体元素能够将抽象的知识具象化，将单调的文字内容变得生动有趣。例如，在一本关于自然科学的新型文献中，除了文字描述外，可能会插入大量的高清图片、动态视频以及详细的音频解说，让读者仿佛身临其境般地感受自然科学的魅力。

智能化和个性化服务。人工智能技术正在深刻地改变着我们的生活方式和信息获取模式。通过人工智能等技术手段，新型文献将能够提供更智能化、个性化的服务，满足用户的不同需求。例如，根据用户的阅读历史、搜索习惯以及学科偏好，新型文献平台可以智能推荐相关的文献内容给用户。对于科研人员，可能会推荐最新的、与他们研究方向高度相关的学术论文；对于学生，则可能推荐适合他们学习进度和兴趣的学习资料。

跨平台共享与协作。在全球化的今天，知识的传播和创新需要跨越不同的平台和领域。新型文献将能够在不同的平台之间进行共享和协作，促进知识的传播和创新。不同地区、不同机构之间的学者、研究人员可以通过新型文献平台进行交流与合作。例如，一个跨国的科研项目团队，可以在一个共享的新型文献平台上共同撰写研究报告、分享实验数据、交流研究思路，这将极大地提高知识的传播效率和创新速度。

总之，作为信息技术发展的产物，新型文献具有诸多优势和广泛的应用前景，使各界地方文化传承协同成为可能。未来随着技术的不断进步和创新，新型文献将呈现出更加多样化、智能化和个性化的特点，能够为知识的记录、传播和获取提供更加便捷和高效的途径，为文化传承带来更多的可能，也为各界跨界协同关系与模式的可持续发展做好了更强有力地支撑。

# 第四节 高校图书馆地方文化传承的跨界协同模式

在当今这个知识爆炸、信息高速传播的时代，面对不断创新与发展的巨大挑战和前所未有的机遇，高校图书馆要积极探索与其他机构开展跨界协同的模式，打开资源共享、优势互补以及协同创新的大门。

## 一、基于"互联网 +"的跨界协同

### （一）网络教育服务协同

随着互联网技术的迅猛发展，在线教育已经逐渐成为教育领域的重要组成部分。高校图书馆可以凭借自身丰富的教育资源和专业的知识体系，充分利用互联网技术，积极与其他图书馆或者各类教育机构展开深度合作，共同开发网络教育课程和资源。例如，高校图书馆可以提供专业的学术资料支持，教育机构则可以发挥其在教学方法和课程设计方面的优势，通过共建功能强大的在线平台，搭建一座无形的知识桥梁，使不同的学习群体和教育资源之间建立连接，实现远程教育，将知识跨越地域的限制传递到每一个有需求的角落，并且实现资源共享，满足每一个人的学习需求。

### （二）数字化资源协同

在数字化浪潮的冲击下，信息资源的数字化已经成为一种必然趋势。高校图书馆可以凭借自身在数字化资源建设方面的潜力，与其他机构开展合作，共同建设数字化资源库。资源库包含各种各样的电子图书、丰富的期刊以及专业的数据库等，在建设过程中，双方各展所长：高校图书馆在学术资源的搜集和整理上有独特的方法，其他机构在数字化技术或者特定领域资源的获取上更具优势。通过合作，利用数字化手段，使得这些资源能够实现快速检索。用户只需输入关键词，就能在海量的资源中迅速定位到自己所需的信息，大大提高了资源利用效率。

## 二、机构整合与资源共享

### （一）多馆聚合

文化传承与知识传播是文化机构共同的使命。高校图书馆、其他图书馆、档案馆以及博物馆等文化机构，虽然各自有着不同的职能和资源特色，却有着共同的目标。高校图书馆可以与这些文化机构进行合作，形成一个综合性的文化服务中心。在这个过程中，各机构的资源得到集中管理。例如，图书馆的图书资源、档案馆的历史档案、博物馆的文物展品等，都能在这个综合性的服务中心里被统一规划和管理。这不仅方便了用户的查找和使用，而且提高了服务质量和效率。用户不再需要在各个机构之间奔波，而是可以在一个地方一站式获取多种类型的文化资源，就像走进了一个文化的超级市场。

### （二）空间设施与人力资源共享

在运营过程中，高校图书馆和其他机构都面临着成本控制和资源优化的问题。图书馆有着宽敞的会议室、充满文化氛围的展览厅，还有专业的人员如资深的图书管理员、信息检索专家等；其他机构也有各自的优势空间设施和专业人才。于是，双方可以开展空间设施与人力资源共享的合作模式。例如，当高校图书馆举办大型学术讲座时，可以借用其他机构的专业设备来提升讲座的效果；而其他机构在举办文化展览时，也可以利用高校图书馆的展览厅来吸引更多的观众。在人力资源方面，高校图书馆的专业人员可以到其他机构进行知识讲座或者培训，其他机构的专家也可以到图书馆分享他们的专业经验。这种共享模式就像一种资源的接力赛，每个机构都是其中的一员，通过共享，有助于降低运营成本，提高资源利用效率，同时促进不同机构之间的交流和合作，如同不同的溪流汇聚成一条更宽阔的河流，为文化的传播和发展注入强大的动力。

### （三）与出版机构的合作

在当今知识爆炸的时代，学术出版和知识传播面临着新的机遇与挑战。出版机构作为知识的重要生产者和传播者，拥有丰富的出版资源和广泛的发行渠道。而图书馆，作为知识的储存与传播中心，在学术资源整合与读者服务方面有着独特的优势。因此，图书馆可以与出版机构合作，使两座知识宝库相互交融，共同推动学术出版和知识传播。

在合作过程中，图书馆能够获得更多的学术资源，这意味着图书馆的馆藏将更加丰富多元，无论是珍贵的古籍善本、前沿的学术著作，还是新兴学科的研究成果都将得以扩充；同时，更多的出版机会也会向图书馆及其服务的对象敞开大门。对于在学术研究领域默默耕耘的学者来说，其研究成果也就有了更多出版发行的可能和机会，从而推动学术研究向更深入的方向发展。例如，一些小型学术团体或者新兴学科的研究者，借助图书馆与出版机构的合作，能够突破资源和渠道的限制，让自己的研究成果得以问世，进而吸引更多的同行关注，促进学科的交流与发展。

### （四）与企业创新的合作

在科技飞速发展的推动下，企业面临着日益激烈的市场竞争，技术创新和产业升级成为企业生存与发展的关键。图书馆则以其海量的知识储备、专业的信息检索服务和深厚的学术研究氛围，成为企业寻求合作的理想伙伴。图书馆可以与企业合作，共同推动技术创新和产业升级。

在合作中，图书馆深入企业调研，通过多种方式了解企业的技术需求和市场需求。企业的技术需求可能涵盖从基础研发到应用创新的各个层面，比如一家制造企业可能在新材料的研发、生产工艺的优化方面有着迫切的需求；而市场需求则涉及消费者喜好、市场趋势等复杂因素。在充分调研的基础上，图书馆可以利用自身的资源优势，为企业提供知识信息支持和创新服务。例如，中国矿业大学图书馆的知识产权专业馆员经过调研，为企业提供国内外最新的技术资料和市场研究报告等知识产权查询相关服务。同时，图书馆还可以组织专家学者与企业的技术人员进行交流研讨，为企业的创新发展提供新思路和新方向。

### （五）与社区服务的合作

社区是社会的基本单元，社区文化建设和知识普及对于提升整个社会的文化素质具有重要意义。高校图书馆可以与社区合作，共同推动社区文化建设和历史知识普及。

通过与公共图书馆建立合作，能够将服务延伸到社区的各个角落，为此，可以设立分馆、流动服务点，把图书、杂志、电子资源等带到居民身边。这不仅方便了社区居民获取知识，也提高了图书馆的社会影响力。例如，在一些老旧小区，很多老年人和儿童由于交通等原因难以到图书馆借阅图书，社区分馆或流动服务点的设立就很好地解决了这个问题。在社区举办各种文化活动，如读书分享会、科普讲座等，能够促进社区文化的繁荣和发展，增强社区居民的文化认同感和归属感。

# 三、特色化发展与文化育人

## （一）凸显传统文化底色

全球化的浪潮使传统文化的传承与弘扬越发凸显出重要性。高校图书馆所在学校或地区具有深厚的传统文化底蕴，文化资源丰富，可以深入开发和利用这些文化资源，开展特色化服务和文化育人活动。

通过举办各种各样的活动，如展览、讲座、文化活动等，可以推广传统文化和地域文化。可以将古老的文物、书画作品等通过展览以直观的形式展示在师生面前，让他们近距离感受传统文化的魅力。可以邀请文化专家、学者开展讲座，深入解读红色文化、革命文化、非遗文化等传统文化的内涵与价值，从历史、艺术、哲学等多个角度为师生打开传统文化的大门。还可以采取传统节日的庆祝活动、民俗文化体验等形式多样的文化活动帮助师生提高文化素养和审美能力。比如，一场以古代诗词为主题的展览，能够展示从古代手稿到现代书法作品的诗词之美，配合专家的讲解，让师生们在欣赏诗词艺术的同时，也深入了解了古代文化的博大精深，从而提升了自身的文化素养和对美的鉴赏能力。

## （二）打造智慧化服务平台

在信息技术日新月异的今天，现代科技手段为高校图书馆的服务创新提供了无限可能。高校图书馆可以利用这些现代科技手段，打造图书推荐、智能化信息检索等多功能的智慧化服务平台，为师生提供个性化、智能化的服务。图书推荐服务，可以根据师生的借阅历史、学习专业、研究方向等信息，为他们提供个性化的图书推荐服务。例如，针对研究历史的学生，平台会根据他的专业和以往借阅的历史书籍，推荐相关的历史研究著作、最新的考古发现报告等。智能化信息检索功能，即快速准确地为师生找到他们所需的信息资源。通过智能化信息检索这一智慧化服务平台，可以更好地满足师生的学习需求和生活需求，提高服务质量和效率。如师生通过手机 APP可以随时随地查询图书馆的馆藏资源、预约座位、续借图书等，极大地提高了获取图书馆服务的便捷性。

综上所述，高校图书馆与其他机构的跨界协同模式多种多样，这些模式如同一个个相互连接的桥梁，通过适当的方式，实现资源共享、优势互补和协同创新。在跨界协同的过程中，高校图书馆作为信息知识网络中心，不断拓展新的服务领域和资源渠道。不仅能够丰富自身的馆藏资源、提升服务能力，也能够提高服务质量和效率，促进学术研究和知识传播朝着更加蓬勃、多元的方向发展。这对于高校人才培养、社会文化建设以及整个信息知识生态系统的繁荣都具有不可忽视的重要意义。

# 第五节　高校图书馆地方文化跨界协同的评价方法与指标体系

## 一、评价方法

高校图书馆地方文化跨界协同的评价方法是一个多维度、综合性的考量过程，涉及图书馆在地方文化传承、创新与发展方面的贡献与影响。以下是这一评价方法的几个关键方面的详细阐述。

### （一）文化传承与弘扬

（1）地方文化资源的整合与利用

高校图书馆通过跨界协同，能够更有效地整合和利用地方文化资源，包括历史文献、地方志、民俗资料等，为学术研究、文化教育和地方文化传承提供丰富的素材和依据。这种整合不仅有助于提升图书馆的文化内涵和学术价值，还能促进地方文化的广泛传播和深入影响。

（2）文化活动与展览的举办

图书馆可以通过与地方政府、文化机构等合作，举办各类文化活动和展览，如地方文化节、民俗展览、非物质文化遗产展示等，以直观、生动的方式呈现地方文化的独特魅力。这些活动不仅能够吸引公众的关注和参与，还能增强公众对地方文化的认同感和自豪感。

### （二）文化创新与发展

（1）学术研究与创作

图书馆作为学术研究和创作的重要场所，通过跨界协同，能够吸引更多学者和专家关注地方文化的研究和创作，推动地方文化的深入挖掘和创新发展。这种合作不仅有助于提升图书馆的学术影响力，还能为地方文化的传承和发展注入新的活力和动力。

（2）文化产品的开发与推广

图书馆可以与文化创意产业合作，开发具有地方特色的文化产品，如地方文化主题的图书、音像制品、旅游纪念品等，以满足公众对地方文化的消费需求。这些产品的推广和销售不仅能够为图书馆带来一定的经济效益，还能进一步扩大地方文化的知名度和影响力。

## （三）社会影响与效益

（1）提升图书馆的社会影响力

通过跨界协同，图书馆能够积极参与地方文化建设和社会公益事业，展现其作为文化机构的社会责任和担当。这种参与不仅有助于提升图书馆的社会形象和知名度，还能增强公众对图书馆的信任和依赖。

（2）促进地方经济发展

图书馆的文化活动和展览能够吸引游客和投资者的关注，为地方旅游业和文化产业的发展带来机遇和动力。同时，图书馆的文化产品开发和推广也能够为地方经济注入新的增长点，促进地方经济的繁荣和发展。

## （四）评价方法与建议

（1）评价方法

可以通过问卷调查、专家评审、数据分析等方式，对图书馆地方文化跨界协同的效果进行客观、全面的评价。评价内容应包括文化传承与弘扬的效果、文化创新与发展的成果、社会影响与效益的评估等方面。

（2）建议

图书馆应加强与地方政府、文化机构、创意产业等各方面的合作与交流，共同推动地方文化的传承、创新与发展。同时，图书馆还应注重提升自身的文化内涵和学术价值，为公众提供更丰富、更优质的文化服务。

总之，高校图书馆地方文化跨界协同的评价是一个复杂而细致的过程，需要综合考虑文化传承与弘扬、文化创新与发展以及社会影响与效益等多个方面。通过科学、客观的评价方法和有效的合作机制，我们可以更好地推动图书馆在地方文化建设中的积极作用和贡献。

## 二、指标体系

高校图书馆地方文化跨界协同的评价指标体系是一个复杂而多维的体系，它旨在全面、客观地评估图书馆在地方文化跨界协同方面的表现。具体如表 6-1 所示：

表 6-1　高校图书馆地方文化跨界协同的评价指标体系及具体要素

| 指标体系 | 指标要素 | 评估内容 |
|---|---|---|
| 文献资源与服务协同指标 | 文献资源跨界整合能力 | 考察图书馆是否能够有效地整合地方文化资源，包括地方志、历史文献、民俗资料等，并将其融入图书馆的服务体系中 |
| | 地方文化特色资源建设 | 评价图书馆在地方文化特色资源建设方面的成果，如地方文化数据库、特色文献馆藏等 |
| | 跨界服务创新 | 评估图书馆在跨界服务方面的创新能力，如开展地方文化讲座、展览、读书会等活动，以及与地方文化机构、社区的合作情况 |
| 信息与技术协同指标 | 信息技术应用水平 | 考察图书馆在信息技术方面的应用情况，如数字化建设、智能化服务、移动图书馆等 |
| | 信息共享与协同平台 | 评价图书馆是否能够与其他文化机构、社区等建立信息共享与协同平台，实现资源的互联互通 |
| | 数据分析与利用能力 | 评估图书馆在数据分析与利用方面的能力，如通过数据分析了解用户需求，优化服务内容等 |
| 教育与培训协同指标 | 地方文化教育普及 | 考察图书馆在地方文化教育普及方面的贡献，如举办地方文化讲座、培训班等 |
| | 终身学习支持 | 评价图书馆在支持终身学习方面的能力，如提供学习资源、学习空间、学习辅导等 |
| | 社会教育与培训合作 | 评估图书馆是否与其他教育机构、培训机构等建立合作关系，共同开展社会教育与培训活动 |
| 社会参与与影响协同指标 | 社会参与度 | 考察图书馆在社会参与方面的表现，如举办文化节庆活动、志愿服务活动等 |
| | 社会影响力 | 评价图书馆在地方文化跨界协同中的社会影响力，如通过媒体报道、社会评价等反映的图书馆形象与知名度 |
| | 文化传承与创新 | 评估图书馆在地方文化传承与创新方面的贡献，如参与地方文化遗产保护、文化创新项目等 |

| 指标体系 | 指标要素 | 评估内容 |
|---|---|---|
| 可持续发展协同指标 | 政策支持与资金投入 | 考察政府对图书馆地方文化跨界协同的支持程度，包括政策支持、资金投入等 |
| | 合作机制与制度建设 | 评价图书馆与其他文化机构、社区等建立的合作机制与制度建设情况 |
| | 持续发展与创新能力 | 评估图书馆在持续发展与创新方面的能力，如持续开展新项目、新服务，不断优化服务内容与方式等 |

根据表6-1，图书馆地方文化跨界协同的评价指标涵盖了文献资源与服务、信息与技术、教育与培训、社会参与与影响以及可持续发展等多个方面。这些指标体系及其具体要素共同构成了一个全面、客观的评价体系，有助于推动图书馆在地方文化跨界协同方面的持续发展与创新。

# 第六节　高校图书馆地方文化跨界协同评估机制建立

高校图书馆与地方文化进行跨界协同，是提升图书馆服务效能、促进地方文化发展的重要途径。为了确保这种协同合作的成效，建立一套科学合理的评估机制至关重要。下文对高校图书馆地方文化跨界协同评估机制建立进行探讨。

## 一、评估机制的目的与原则

### （一）评估目的

评估机制旨在全面、客观地反映高校图书馆与地方文化跨界协同的实际情况，发现存在的问题，提出改进措施，以推动双方合作的持续深入发展。

### （二）评估原则

原则包括三个方面：（1）客观性，即评估过程应基于客观事实和数据，避免主观臆断和偏见；（2）全面性，即评估内容应涵盖合作的各个方面，包括资源共享、活动开展、服务效果等；（3）可持续性，即评估机制应注重长期效果，考虑合作对双方未来发展的影响。

## 二、评估内容

### （一）资源共享情况

即评估高校图书馆与地方文化机构（如博物馆、文化馆等）在文献资源、数字资源、文化活动等方面的共享程度。

### （二）活动开展情况

即评估双方共同举办的文化活动（如讲座、展览、阅读推广等）的数量、质量、参与度及影响力。

### （三）服务效果

即评估合作对提升图书馆服务水平、促进地方文化传播与交流、满足公众文化需求等方面的效果。

## 三、评估方法

高校图书馆地方文化传承跨界协同包含多种内容和形式，为此可以通过多维度的方法加以评估，可以全面、客观地反映高校图书馆与地方文化跨界协同项目的实施效果，为后续的合作策略调整和优化提供科学依据。

### （一）问卷调查

通过设计问卷，向图书馆用户、地方文化机构工作人员及公众收集对合作项目的意见和建议。

### （二）数据分析

利用统计软件对合作项目的相关数据进行分析，如活动参与、资源使用率等。

### （三）专家评审

邀请相关领域的专家对合作项目进行评估，提出专业意见和建议。

### （四）案例对比

选取国内外成功的图书馆与地方文化跨界合作案例进行对比分析，从合作模式、资源投入、效益产出等多个维度，系统梳理其成功经验与可能存在的问题，为本项目的持续优化提供实证基础和策略参考。

### （五）利益相关者访谈

通过深度访谈图书馆管理层、地方文化机构负责人、关键合作人员及部分用户代表，深入了解他们对合作项目的认知、期望、满意度及改进建议。这种定性研究方法能够挖掘出量化数据背后更深层次的原因和动机，为评估提供更为丰富和细腻的视角。

### （六）社会影响力评估

利用社交媒体分析、网络舆情监测等工具，评估合作项目在社会公众中的传播范围、讨论热度及正面评价比例，以此衡量其社会影响力和文化价值。同时，可结合问卷调查中公众对合作项目知晓度、参与意愿及满意度等数据，综合评估其社会效应。

## 四、评估周期与流程

此环节安排具体如下。

### （一）评估周期

根据合作项目的实际情况，设定合理的评估周期，如每季度、每半年或每年进行一次评估。

### （二）评估流程

（1）制定评估计划：明确评估目标、内容、方法和周期；

（2）收集数据与信息：通过问卷调查、数据分析等方式收集相关数据和相关信息；

（3）组织专家评审：邀请专家对收集到的数据和信息进行评审，提出评估意见；

（4）撰写评估报告：根据评估结果，撰写详细的评估报告，包括评估背景、过程、结果及建议；

（5）反馈与改进：将评估报告反馈给合作双方，根据评估结果和建议进行改进。

另外，也要注意细化以下几个方面的关键点：

（1）评估周期的动态调整：评估周期不应是一成不变的，而应随着合作项目的进展和实际情况的变化进行动态调整。对于项目进展中的特定重要事件或关键节点，还可以安排专项评估以确保项目的顺利进行。

（2）评估流程的信息化支持：在评估流程中，应充分利用现代信息技术手段来提高数据的收集、整理、分析及评估报告的撰写和反馈的效率和准确性，减少人工操作的错误率，并保证评估过程的透明化和可追溯性。

（3）评估结果的公开与共享：对评估结果应通过适当的方式向外界公开和共享，这不仅增强合作项目的社会影响力，还可以促进合作双方的相互监督和约束，确保项目的顺利进行和目标的实现。

# 五、保障措施

## （一）政策支持

要争取多元化的政策支持。一是通过政府相关部门的政策支持，为合作项目的顺利开展提供有力保障。二是可以积极寻求行业协会、学术团体等社会组织的支持和帮助。这些组织通常具有丰富的经验和资源，可以为合作项目的顺利开展提供有力的支持和保障。

## （二）经费保障

做好项目预算，多渠道筹集资金，确保评估工作所需经费支撑。包括项目自身预算资金，满足问卷调查、数据分析、专家评审等的费用需求。此外，还可以多渠道寻求外部资金支持。例如，申请科研项目资助、与企业合作等方式都可以用来筹集资金。同时，应建立严格的经费管理制度，确保每一笔经费的使用都符合规定和实际需要。

## （三）人才培养

人才培养是一个长期而持续的过程。为此，一方面，可以加强图书馆与地方文化机构的内部人才培养，提高双方人员的专业素质和协作能力。另一方面，还应积极寻求外部培训和交流的机会，让双方人员能够不断学习和更新知识，提高专业素质和协作能力。并建立激励机制，鼓励人员积极参与合作项目和评估工作，为项目的成功实施贡献力量。

第七章

高校图书馆跨界协同的对象与协同策略

# 第一节　概述

随着时代的发展，单纯依靠高校图书馆自身的力量来进行地方历史文化传承已显不足，于是跨界协同这种创新的方式应运而生。通过跨界协同，高校图书馆能够更为有效地整合各类资源，拓宽自身的服务范围，从而大幅提升地方历史文化传承的效果。高校图书馆开展跨界协同的对象包括文化机构、教育机构等，呈现出多元化的特点，旨在通过多方合作达成资源共享、优势互补的局面。以下是主要的跨界协同对象。

## 一、文化机构

### （一）公共图书馆

在文化传播与知识共享的体系中，公共图书馆和高校图书馆有着各自的优势。高校图书馆往往在学术资源的深度挖掘和研究资料的丰富性上独具特色，而公共图书馆则更贴近大众，在服务社区民众、普及文化知识方面有着广泛的影响力。二者进行深度合作意义非凡，它们能够共同开展地方历史文化的挖掘、整理、研究与传播工作。例如，在挖掘地方历史文化方面，高校图书馆的专业研究人员可以借助公共图书馆广泛的读者反馈和社区资源线索，更精准地探寻那些被遗忘或未被深入研究的地方文化元素。在整理工作中，双方可以整合各自的文献资料，按照历史时期、文化类型等标准进行系统梳理。而在研究环节，高校图书馆丰富的学术资源和专业的学者团队可以为研究提供坚实的理论支撑，公共图书馆则能通过组织读者讨论、社区调研等方式提供实际的社会反馈。在传播方面，二者通过共享资源，如互相开放特色馆藏数据库等，再联合举办展览、讲座等活动，就能够大幅提升公众对地方历史文化的认知与兴趣。展览可以展示地方历史文化中的珍贵文物图片、古老文献复制品等，讲座则能邀请专家学者深入解读地方历史文化背后的故事和价值。

### （二）博物馆

博物馆是展示地方历史文化的重要场所，这里陈列着无数代表着当地历史发展脉络的实物藏品。高校图书馆与博物馆的合作具有很强的互补性。双方可以共同策划展览，将图书馆中关于地方历史文化的文字记载、研究成果与博物馆的藏品实物相结合，打造出更具深度和广度的展览内容。比如，在一个关于当地古代手工艺的展览中，博物馆展出精美的手工艺品，高校图书馆则提供古代手工艺传承的历史文献、工艺图谱以及相关的学术研究成果，让观众在欣赏实物的同时，能够深入了解其背后的文化内涵和历史传承。在研究项目上，高校图书馆可以利用博物馆的藏品资源开展学术研究，博物馆中的文物往往蕴含着丰富的历史信息，高校学者可以从这些实物中获取第一手资料，进行深入的分析和解读。同时，高校图书馆也可以凭借自身的平台优势推广博物馆的展览与活动，通过图书馆的网站、社交媒体账号、馆内宣传海报等多种渠道，将博物馆的展览信息、活动安排等传播给更多的读者和文化爱好者。

### （三）文化遗产保护单位

文化遗产保护单位肩负着保护和传承地方文化遗产的重要使命。高校图书馆与文化遗产保护单位合作，可以深入参与文化遗产的保护、修复与研究工作。高校图书馆拥有丰富的专业知识资源，其涵盖的考古学、历史学、文物保护学等方面的书籍、研究报告等，能够为文化遗产保护提供理论依据和技术参考。在保护方面，高校图书馆可以协助文化遗产保护单位制定科学合理的保护规划，根据地方历史文化的特点和文化遗产的现状，提供具有针对性的保护建议。在修复工作中，图书馆的相关专业文献可以为修复人员提供传统修复技艺的参考，同时也能借助现代科技文献探索新的修复方法和材料。在研究工作上，高校图书馆的学者可以与保护单位的工作人员共同深入研究文化遗产背后的历史、文化、艺术价值，通过提供专业支持与技术指导，助力文化遗产的传承与发展。

## 二、教育机构

### （一）中小学校

中小学时期是培养学生文化素养的重要阶段，高校图书馆与中小学校建立合作关系具有深远的意义，可以通过多种方式为中小学生了解和学习地方历史文化提供帮助。在图书资源方面，高校图书馆可以将适合中小学生阅读的地方历史文化相关书籍进行筛选整理，提供给中小学图书馆或开展图书漂流活动，让更多的中小学生能够接触到这些富有地方特色的书籍。举办讲座与活动也是重要的合作方式，高校可以组织专家学者或者优秀的学生志愿者到中小学开展地方历史文化讲座，以生动有趣的方式讲述当地的历史故事、传统习俗等。还可以举办文化体验活动，如传统手工艺制作、地方民俗表演等，让中小学生在亲身体验中感受地方历史文化的魅力，从而培养他们的文化素养与民族自豪感。

### （二）其他高校图书馆

在高等教育领域，各高校图书馆之间也有着广阔的合作空间。与其他高校图书馆开展交流与合作，共同建立地方历史文化数据库是一项极具价值的工作。每个高校在地方历史文化研究方面都有自己的特色和优势资源，通过整合这些资源，可以构建一个全面、系统的地方历史文化数据库。这个数据库不仅包含了丰富的历史文献资料，还可以纳入各高校的研究成果、文化活动记录等内容。共享研究成果与教育资源也是跨校合作的重要内容。高校之间可以互相分享关于地方历史文化的学术研究成果，促进学术思想的交流与碰撞，推动地方历史文化研究不断深入。同时，通过跨校合作，能够优化教育资源的配置，避免资源的重复建设，提高教育资源的利用效率，为地方历史文化的传承与发展提供更强大的学术支持。

## 三、地方政府文化部门

地方政府文化部门在地方历史文化的保护与传承工作中起着主导作用。高校图书馆与地方政府文化部门合作，能够形成强大的合力。地方政府文化部门可以通过政策引导，为高校图书馆参与地方历史文化传承工作制定有利的政策环境，例如，出台鼓励高校图书馆与其他文化机构合作的政策、给予在地方历史文化研究方面表现突出的高校图书馆项目扶持等。同时，资金支持也是重要的保障方式，政府部门可以设立专项基金，用于高校图书馆开展地方历史文化传承相关的项目，如地方历史文化文献的整理出版、文化遗产研究项目等。这些政策引导和资金支持为高校图书馆提供了必要的保障与支持，使其能够更加积极主动地投入地方历史文化的传承工作中。

## 四、企业

在市场经济的背景下，企业在地方历史文化传承方面有着独特的作用。高校图书馆与企业合作，共同开发地方历史文化旅游项目、文化创意产品等，是实现地方历史文化经济价值与社会价值双重提升的有效途径。以地方历史文化旅游项目为例，高校图书馆可以提供地方历史文化的详细资料，包括历史古迹的背景故事、当地传统民俗文化等，企业则可以利用这些文化元素进行旅游线路的规划、旅游景点的打造以及旅游配套设施的建设等。在文化创意产品开发方面，高校图书馆的文化创意资源，如独特的馆藏文化符号、历史故事等可以为企业提供创意灵感，企业则凭借其市场运营能力和生产技术，将这些文化元素转化为具有市场竞争力的文化创意产品，如文化主题的纪念品、手工艺品、文创服饰等，通过市场化运作，让地方历史文化在创造经济价值的同时，也能得到更广泛的社会传播。

## 五、社会组织

社会组织包括社会团体和民间组织。社会团体与民间组织在地方历史文化的保护、研究与传播方面具有独特的活力和影响力。高校图书馆与社会团体、民间组织等建立合作关系，能够汇聚社会各方力量，共同推动地方历史文化的传承与发展。社会团体和民间组织往往有着广泛的社会联系和群众基础，他们可以组织各种形式的文化活动，如民俗文化节、传统技艺传承活动等。高校图书馆则可以为这些活动提供文化资源支持，如提供关于民俗文化的历史文献资料、传统技艺的研究成果等，使这些活动更具文化内涵和专业性。同时，高校图书馆也可以借助社会团体和民间组织的力量，深入社区、乡村开展地方历史文化的普及和调研工作，进一步扩大地方历史文化的影响力。

总之，高校图书馆在地方历史文化传承中进行跨界协同的对象是多元化的，涵盖了文化机构、教育机构、政府部门与企事业单位以及社会组织与个人等各个方面。通过这种跨界协同，可以有效地实现资源共享、优势互补，各方齐心协力共同推动地方历史文化的传承与发展，让地方历史文化在现代社会中焕发出新的生机与活力。

# 第二节 与地方政府的协同与策略

　　高校图书馆与地方政府的协同在地方历史文化传承中至关重要。在当今社会，地方历史文化传承面临着诸多挑战与机遇，而高校图书馆与地方政府的协同合作犹如一盏明灯，照亮了传承地方历史文化的道路。这种协同合作不是简单的联合，而是蕴含着深远的意义，不仅有助于从多个维度提升图书馆的服务质量和扩大其在社会各界的影响力，还能够积极有效地推动地方历史文化全方位的保护、传承与创新，使得地方历史文化在现代社会中依然熠熠生辉。以下是对高校图书馆与地方政府协同的详细阐述。

## 一、二者协同的背景与意义

　　随着信息时代的到来，整个社会的发展模式和节奏都发生了翻天覆地的变化。在这样的大背景下，地方政府在推动地方经济社会发展的进程中，逐渐扮演着越发举足轻重的角色。地方政府需要从多个方面着手，如基础设施建设、产业规划、文化建设等，来提升地方的综合实力和竞争力。而地方历史文化作为地方特色的重要体现和重要的软实力，成为地方政府关注的焦点之一。与此同时，高校图书馆，这个知识和文化的巨型宝库，汇聚了海量的书籍、文献资料，其中不乏许多关于地方历史文化的珍贵记录，天然地承担着传承和创新地方历史文化的重任。然而，仅靠高校图书馆自身的力量，可能会面临资源不足、利用不充分、缺乏政策支持等诸多限制。

　　地方政府在推动地方发展过程中拥有政策制定权、资源调配权等多种权力和资源，高校图书馆则有着丰富的文化知识储备和专业的人才队伍。高校图书馆与地方政府的协同合作能够打破各自为政的局面，实现资源共享、优势互补、双赢共赢，共同带动地方历史文化的传承与发展事业稳步前行。

# 二、协同方式与内容

## （一）政策引导与支持

地方政府在协同合作中扮演着引导者和支持者的角色。通过制定相关政策，为高校图书馆提供必要的政策引导和支持。例如，在资金补助方面，政府可以根据图书馆开展地方历史文化传承相关活动和研究项目的实际需求，提供专项的资金支持。这部分资金可以用于购买珍贵的地方历史文献资料、修复古老的文化典籍、邀请专家学者举办讲座等。在税收优惠方面，政府可以对高校图书馆在地方历史文化传承相关的经营活动给予税收减免政策。比如，图书馆如果通过举办地方历史文化展览获得一定的收入，这部分收入可以在一定范围内减免税收，以此来鼓励图书馆积极开展此类活动。同时，政府还可以建立完善的激励机制，对在地方历史文化传承中做出卓越贡献的图书馆和个人进行表彰和奖励。这种表彰和奖励可以是物质上的，如颁发奖金、奖品等，也可以是精神上的，如授予荣誉称号、公开表扬等。这不仅能够激发图书馆和个人的积极性，还能够在社会上营造出重视地方历史文化传承的良好氛围。

## （二）资源共享与整合

地方政府与高校图书馆可以携手共同建立地方历史文化资源库，将各种分散资源进行汇聚整合。首先是对图书馆的相关馆藏资源进行整合，包括各种古老的地方历史典籍、地方名人的手稿等。同时，数字化资源也不容忽视。在信息时代，将纸质资源转化为数字化资源能够大大提高资源的传播和利用效率。高校图书馆拥有丰富的数字化设备和技术人才，可以将馆藏的地方历史文化资源进行数字化处理，如制作电子书籍、数据库等。

此外，政府的文化遗产保护资源也是重要的组成部分。政府在地方文化遗产保护方面有着独特的资源优势，例如，对古建筑和古遗址等文化遗产的普查资料、保护规划等。将这些资源与图书馆的资源整合在一起，可以形成涵盖面更为广泛的地方历史文化资源体系。通过这样的资源共享，能够让资源像活水一样在整个体系中流动起来，大幅提升利用率，从而为广大公众提供更加便捷、丰富多样的文化服务。无论是研究地方历史文化的学者，还是对本地历史文化感兴趣的普通民众，都能够更好地从这个资源库中获取到他们所需要的信息。

### （三）项目合作与推进

地方政府与高校图书馆共同策划和实施地方历史文化传承相关的项目，就像两位技艺精湛的工匠共同打造一件精美的艺术品。例如，在地方历史文献的整理与出版方面，地方政府可以提供资金支持和政策协调，确保项目的顺利开展。高校图书馆则可以发挥其专业优势，组织专业的图书馆员和学者对地方历史文献进行深入的整理、校对和注释工作。通过双方的合作，那些尘封已久的地方历史文献将以更加准确、完整的面貌呈现给世人，为地方历史文化的研究提供可靠的资料来源。

举办地方历史文化展览也是双方合作的重要项目之一。政府可以提供展览场地，如当地的博物馆、文化馆等公共场所，并且负责展览的宣传推广工作，吸引更多的民众前来参观。高校图书馆则可以从馆藏资源中挑选出具有代表性的展品，如古代的地图、地方特色的手工艺品等，并安排专业人员进行展品的布置和讲解。这样的展览能够让民众直观地感受到地方历史文化的魅力，增强他们对地方文化的认同感和自豪感。

开展地方历史文化讲座同样是一个富有意义的合作项目。政府可以邀请当地的知名人士、文化专家等作为讲座嘉宾，高校图书馆则负责提供讲座场地、组织听众以及举办讲座的策划和宣传。通过这些讲座，民众能够深入了解地方历史文化的内涵和价值，提升对地方历史文化的认知和兴趣。

### （四）人才培养与交流

地方政府与高校图书馆可以合作开展人才培养和交流活动。例如，共同举办地方历史文化研究领域的学术研讨会。政府可以利用其广泛的人脉资源，邀请来自不同地区的专家学者参加研讨会，为图书馆员和相关专业人才提供一个与高水平学者交流的平台。在研讨会上，学者们可以分享最新的研究成果、研究方法等，这有助于拓宽图书馆员和相关专业人才的视野，激发他们的研究灵感。

同时，双方还可以合作举办培训班。政府可以提供培训场地和部分培训资金，高校图书馆则可以根据自身的专业优势制定培训课程，邀请资深的教授、专家担任培训教师。这些培训班可以针对图书馆员和相关专业人才在地方历史文化研究方面的薄弱环节进行有针对性地培训，如地方历史文化文献的鉴定方法、数字化保护技术等。通过人才培养和交流，可以提升图书馆员的专业素养和研究能力，为地方历史文化传承打造一支高素质、专业化的人才队伍，为地方历史文化传承提供坚实有力的人才保障。

## 三、成效与展望

高校图书馆与地方政府的协同合作，能够获得显著的成效。一方面，图书馆的服务质量和影响力会得到全方位的提升。在服务质量上，图书馆能够利用政府提供的资源和支持，丰富馆藏资源、优化服务设施、提高服务人员的专业水平等，从而更好地满足公众对地方历史文化的多样化需求。在影响力方面，通过与政府合作开展各种项目和活动，图书馆在社会上的知名度和美誉度能够得到极大的提升，吸引更多的人关注和利用图书馆的资源。

另一方面，地方历史文化的保护和传承工作能够得到前所未有的加强。在保护方面，政府和图书馆共同建立的资源库能够将分散的地方历史文化资源进行集中保护，避免资源的流失和损坏。在传承方面，双方合作开展的项目，如历史文献的整理出版、文化展览、文化讲座等，让地方历史文化以更加生动、直观的方式传承下去，有助于推动地方文化的繁荣和发展，让地方文化在现代社会中焕发出新的生机与活力。

展望未来，高校图书馆与地方政府的协同合作将朝着更加注重创新性和实效性的方向发展。双方可以继续深入挖掘合作潜力，深化合作内容，不再局限于现有的合作模式，而是探索更多元化的合作领域。例如，在文化创意产业方面，双方可以共同探索如何将地方历史文化元素与现代创意相结合，开发出具有地方特色的文化创意产品。同时，双方还可以加强与其他相关机构的合作与交流，如与当地的企业、社会团体、其他高校等建立联系。通过与企业合作，可以引入市场机制，为地方历史文化传承提供更多的资金和技术支持；与社会团体合作，可以扩大地方历史文化传承的群众基础；与其他高校合作，可以整合更多的学术资源，形成一个更加广泛、紧密、高效的文化传承与创新网络。这个网络就像一张巨大而精密的蜘蛛网，将各个相关机构紧密联系在一起，共同为地方历史文化的传承、创新和发展贡献力量。

综上所述，高校图书馆与地方政府的协同在地方历史文化传承中具有深远而不可忽视的重要意义。双方的齐心协力和紧密协作，可以有力地推动地方历史文化的保护、传承与创新，为地方文化的繁荣发展添砖加瓦，在地方历史文化传承的伟大征程中书写下浓墨重彩的一笔。

# 第三节　与文化机构的协同及策略

## 一、背景与意义

　　高校图书馆与文化机构的协同在地方历史文化传承中发挥着不可忽视的重要作用。在当今社会，全球化进程不断加速，各种文化相互交融碰撞，这既给文化发展带来了新机遇，也使得文化多样性面临着前所未有的挑战。在这样的大背景下，人们对文化多样性的重视程度与日俱增，对自身所在地方的历史文化传承的需求也日益迫切。而高校图书馆和文化机构，作为地方文化传承体系中的两大关键力量，都肩负着沉甸甸的文化使命。

　　高校图书馆拥有海量的文献资源，从古老的历史典籍到现代的学术研究成果，种类繁多且丰富。并且，图书馆有着专业的馆员团队，他们经过长期的学术训练，具备深厚的知识素养和专业的研究能力。他们能够对这些文献资源进行系统的整理、分类，并深入地挖掘其中蕴含的文化价值。文化机构，比如博物馆、文化馆等，是地方历史文化的守护者和展示者，拥有独一无二的历史文化遗产，每一件文物、每一个传统技艺都是地方历史文化的生动见证。而且，它们有着丰富的展览资源，通过精心的策划与布置，能够将这些历史文化遗产以直观、生动的方式展示给大众。

　　总之，高校图书馆和文化机构各自有着独特的优势，双方通过协同合作，可以打破壁垒，实现资源共享、优势互补，从而形成一股强大的合力，共同推动地方历史文化的传承与发展。

## 二、方式与内容

### （一）资源共享

　　在资源共享方面，双方有着广阔的合作空间。图书馆可以将其丰富的地方历史文化相关的书籍、期刊和数字化资源进行分享。这些书籍可能是历经岁月沧桑保存下来的孤本，期刊里也许记录着不同时期地方文化发展的轨迹，数字化资源更是能够突破时间和空间的限制，为更多人提供便捷的获取途径。而文化机构则可以提供珍贵的历史文物、精美的艺术品以及宽敞且具有文化氛围的展览空间。例如，博物馆中的古老青铜器、文化馆里的民俗手工艺品等，这些实物资源能够让人们更加直观地感受地方历史文化的魅力。为了更好地实现资源共享，双方还可以建立联合目录和互借系统。联合目录就像是一张全面的资源地图，无论是图书馆的读者还是文化机构的参观者，都能够通过这个目录清晰地了解到双方所拥有的资源，从而根据自己的需求进行查找。互借系统则进一步方便了资源的流通，当图书馆的读者对文化机构的某一特殊资源有需求时，或者文化机构的工作人员需要查阅图书馆的某些文献时，可以通过这个系统便捷地借到所需资源，为读者和工作人员提供跨机构的资源服务。

### （二）联合研究与展览

在联合研究方面，高校图书馆与文化机构有着诸多可以共同开展的地方历史文化研究项目。比如对历史文献的整理，那些散落在各个角落的历史文献，可能因为年代久远而字迹模糊、纸张破损，需要双方专业人员运用各自的知识和技能进行细致的修复、准确的解读和系统的整理。在地方史志的编纂工作中，图书馆可以提供大量的历史资料作为参考依据，而文化机构则可以凭借对地方文化的深入了解，确保史志内容的准确性和丰富性。在展览活动方面，双方的合作更是相得益彰。图书馆可以利用自身的学术资源优势，为展览提供更好的学术支持。例如，在确定展览主题后，图书馆可以帮助筛选与之相关的文献资料，为展品撰写详细的介绍说明，确保展览内容具有深厚的学术底蕴。而文化机构则能够发挥其场地和宣传资源的优势。它们可以提供宽敞明亮、布局合理且具有文化氛围的展览空间，让展品得到完美的展示。同时，文化机构还能够利用自身广泛的社会联系和宣传渠道，对展览进行全方位的宣传推广，吸引更多的观众前来参观，展示地方历史文化的独特魅力。

### （三）学术交流与培训

高校图书馆与文化机构可以共同举办形式多样的学术交流活动，如学术会议、研讨会和讲座等。在这些活动中，双方可以邀请来自不同领域的专家学者。这些专家学者有的在历史研究领域深耕多年，对地方历史文化有着独到的见解；有的在文化保护方面经验丰富，能够分享最前沿的保护理念和方法。通过这些活动，大家可以进行深入的学术交流和研究分享，不同的思想在这里碰撞出智慧的火花，为地方历史文化的研究和传承注入新的活力。此外，双方还可以共同开展培训活动。由于图书馆和文化机构的员工在工作内容和专业需求上存在一定的差异，通过共同培训，可以让双方员工互相学习、取长补短：图书馆员工可以从文化机构的员工那里学到如何更好地向大众展示文化资源的技巧，而文化机构的员工则可以在图书馆员工的指导下，提高对文献资料整理、研究和利用的能力，从而提升各自员工的专业素养和研究能力。

### （四）数字化与智能化服务

在当今数字化和智能化快速发展的时代，高校图书馆与文化机构可以共同推动地方历史文化资源的数字化工作。那些珍贵的历史文献、古老的文物等通过数字化技术转化为电子资源，并建立内容丰富、分类详细的数字化资源库。这个资源库就像是一个地方历史文化的数字博物馆，无论是远在千里之外的学者，还是对地方文化感兴趣的普通民众，都可以通过网络轻松访问。在此基础上，双方还可以共同构建在线服务平台。这个平台不仅可以提供资源的查询和浏览功能，还能够根据用户的浏览历史、兴趣偏好等，运用智能化技术，如人工智能、大数据等，为用户提供更加便捷、个性化的服务体验。例如，平台可以根据用户之前的搜索记录，为其推荐相关的历史文化资源，就像一位贴心的文化导游，引导用户深入探索地方历史文化的奥秘。

## 三、成效与未来展望

高校图书馆与文化机构的协同合作已经取得了令人瞩目的成效。一方面，双方通过整合各自的资源，将原本分散的力量凝聚起来。图书馆的文献资源和文化机构的实物资源、展览资源等相互配合，在提升服务质量的同时，也极大地扩大了双方的影响力。以前，图书馆可能只是少数学者和学生研究学习的地方，文化机构也只是部分文化爱好者参观的场所，而通过协同合作，它们能够吸引更广泛的人群，包括普通市民、游客等，让更多的人了解和关注地方历史文化。另一方面，地方历史文化的保护和传承工作得到了前所未有的加强。在协同合作的过程中，历史文献得到更好的整理和保存，历史文物得到更科学的保护和展示，地方史志的编纂更加完善，这些都有助于推动地方文化的繁荣和发展。地方文化不再是被遗忘在角落里的历史记忆，而是成为了地方发展的一张靓丽名片，吸引着更多的人前来探索、学习和传承。

展望未来，高校图书馆与文化机构的协同将朝着更加注重创新性和实效性的方向发展。双方将继续深挖合作潜力，进一步深化合作内容、拓展合作领域。例如，在数字化服务方面，除了建立数字化资源库和在线服务平台，还可以探索如何利用虚拟现实

（VR）、增强现实（AR）等新兴技术，让用户能够更加身临其境地感受地方历史文化。在智能化技术应用方面，可以开发更加智能的文化推荐系统，根据用户的行为数据和社交关系，为用户精准推送他们可能感兴趣的历史文化内容。此外，双方还可以加强与其他相关机构的合作与交流。比如与地方政府部门合作，争取更多的政策支持和资金投入，为地方历史文化传承提供更好的保障；与当地的学校合作，开展文化教育活动，从青少年抓起，培养他们对地方历史文化的热爱和传承意识；与企业合作，借助企业的市场推广能力和资金实力，将地方历史文化推向更广阔的市场。通过与这些相关机构的合作与交流，形成一个更加广泛、紧密的文化传承与创新网络，让地方历史文化在新时代焕发出更加璀璨的光芒。

综上所述，高校图书馆与文化机构的协同在地方历史文化传承中具有深远且不可替代的重要意义。通过双方持之以恒的共同努力和协作，可以全方位、多层次地推动地方历史文化的保护、传承与创新，为地方文化的繁荣和发展奠定坚实的基础，为子孙后代留下一笔宝贵的文化财富。

# 第四节　与社区、非政府组织的协同及策略

## 一、背景与意义

　　在当今社会，地方历史文化的传承面临着诸多挑战与机遇。随着城市化进程的加快以及现代文化的冲击，地方历史文化的独特价值可能被忽视或遗忘。而高校图书馆，作为知识的宝库和文化传播的重要场所，在地方历史文化传承中肩负着不可忽视的使命。在这个过程中，高校图书馆与社区和非政府组织的协同显得尤为重要。

## 二、内容与方式

### （一）资源共享与活动联办

　　高校图书馆拥有丰富的图书资源、宽敞的阅览空间以及完善的活动设施，社区图书馆和文化中心则是社区居民获取文化资源的重要场所，贴近居民生活，了解居民的文化需求。高校图书馆与社区图书馆、文化中心等建立合作关系，图书资源能够在更广泛的范围内流通。比如，高校图书馆中的一些关于地方历史文化的珍贵古籍、研究著作等，可以被送到社区图书馆供居民借阅。此外，展览空间的共享也为地方历史文化的展示提供了更多的机会，双方联合举办形式多样、内容丰富的地方历史文化讲座、展览、读书会等活动，设定与地方历史文化紧密相关的主题，如当地古老的民俗传统、独特的建筑风格背后的历史故事等。讲座可以邀请当地的历史文化专家或者熟知地方掌故的老者来讲述，他们用生动的语言、丰富的实例吸引社区居民参与，从而极大地提升居民对地方历史文化的了解和兴趣。

### （二）志愿服务与社区参与

高校图书馆招募社区居民作为志愿者是一种双赢的举措。社区居民参与图书整理工作时，可以学习到图书分类的知识，了解图书馆的运作模式。在读者服务方面，他们能够以亲切的态度与读者交流，为读者提供引导和帮助。图书馆为他们提供各种培训和指导，包括专业知识的传授、服务意识的培养等。而社区居民参与到图书馆的活动策划和组织中，则能充分发挥他们对社区文化需求的敏锐洞察力。他们可以根据社区居民的年龄层次、兴趣爱好等因素，提出合理的活动建议，共同推动地方历史文化的传承与发展。比如，建议针对社区中的儿童举办一场以地方传统游戏为主题的活动，让孩子们在玩乐中了解地方历史文化。

### （三）文化教育与社区发展

高校图书馆与社区合作开展的文化教育项目意义深远。对于青少年而言，地方历史文化教育是他们成长过程中不可或缺的一部分。组织专门的课程或者活动，如实地参观当地的历史古迹并配备专业的讲解，能让青少年深入了解家乡的历史文化底蕴，增强他们对家乡的热爱和自豪感。对于老年人来说，文化娱乐活动能够丰富他们的晚年生活。比如组织老年人参与地方传统手工艺制作的活动，像剪纸、刺绣等，这些活动不仅能让老年人重温传统技艺，还能促进老年人之间的交流和互动，提升社区居民的文化素养和生活质量。通过与社区的协同，图书馆就像一颗文化的种子，深深扎根于社区这片土壤之中，成为社区文化发展的重要推动力量。

## 三、与非政府组织的协同

高校图书馆与非政府组织的协同可以从以下三个方面进行，即公益活动与文化传承、项目合作与资源共享以及社会影响力与文化传播。

### （一）公益活动与文化传承

高校图书馆与环保组织、文化遗产保护组织等非政府组织合作开展的公益活动，对地方历史文化传承有着积极的促进作用。环保组织关注的不仅是自然环境的保护，还包括地方历史文化环境的保护。例如，一些古老的村落，其建筑风格、村落布局等都蕴含着丰富的历史文化信息，环保组织与高校图书馆联合举办的文化遗产保护讲座，能够让公众意识到这些文化遗产的珍贵性以及保护它们的紧迫性。文化遗产保护组织则在地方历史文化的挖掘和保护方面有着专业的知识和经验。它们与高校图书馆合作举办的环保知识宣传等活动，也能从侧面强调地方历史文化与自然环境的紧密联系，提升公众对地方历史文化和环境保护的认识和重视。

### （二）项目合作与资源共享

在地方历史文化研究项目方面，高校图书馆与非政府组织的合作潜力巨大。像历史文献整理这样的项目，高校图书馆拥有丰富的文献收藏，但非政府组织可能拥有一些民间搜集而来的独特资料。双方合作整理历史文献时，可以互相补充资料来源，确保历史文献整理的完整性和准确性。口述历史记录项目也是如此，非政府组织可能在深入社区、联系当地居民方面更有优势，能够找到更多合适的口述历史讲述者，而高校图书馆则可以提供专业的记录设备和研究人员，双方共享研究成果和资源，共同推动地方历史文化的传承与创新。

### （三）社会影响力与文化传播

高校图书馆与非政府组织的协同合作能够产生强大的社会影响力。高校图书馆本身具有一定的社会公信力和文化影响力，非政府组织则在各自的领域内拥有特定的受众群体。当它们合作时，能够吸引更多不同背景的公众关注和参与地方历史文化的传承与发展。例如，一个知名的文化遗产保护非政府组织与高校图书馆合作举办活动时，其在文化遗产保护爱好者中的影响力能够吸引这些人参与，同时高校图书馆的平台也能让更多普通公众了解到活动信息。非政府组织借助高校图书馆的平台和资源，如先进的多媒体设备用于展示文化成果、丰富的藏书为研究提供支持等，也能更好地开展其文化保护和传承工作。

## 四、成效与展望

通过与社区和非政府组织的协同合作，高校图书馆在地方历史文化传承中取得了显著的成效。一方面，图书馆的服务质量和影响力得到了提升。在服务质量上，由于社区居民的参与和非政府组织的合作，图书馆能够提供更加贴近需求、形式多样的服务。在影响力方面，与社区和非政府组织的合作使得图书馆在地方社区以及相关领域中的知名度和美誉度不断提高。另一方面，地方历史文化的保护和传承工作也得到了加强。社区居民对地方历史文化的关注度提高，非政府组织与高校图书馆的合作项目也在不断挖掘和保护地方历史文化资源。

展望未来，这种协同关系将继续深化和发展。图书馆将进一步加强与社区和非政府组织的合作与交流，共同探索更加有效的协同方式和机制。例如，可以加强在数字化服务、智能化技术应用等方面的合作。随着科技的发展，数字化和智能化手段能够为地方历史文化资源的深度挖掘和广泛传播提供更多的可能性。比如将地方历史文化资料进行数字化处理，制作成线上展览或者虚拟博物馆，让更多人能够随时随地了解地方历史文化。同时，还可以加强与其他相关机构的合作与交流，形成更加广泛的文化传承与创新网络。这意味着高校图书馆将不只局限于与社区和非政府组织的合作，还会与学校、企业、其他文化机构等建立联系，整合各方资源，共同为地方文化的繁荣和发展做出更大的贡献。

总之，高校图书馆与社区和非政府组织的协同在地方历史文化传承中发挥着重要作用。这三者就像紧密咬合的齿轮，通过三方的共同努力和协作，可以推动地方历史文化的保护、传承与创新，为地方文化的繁荣和发展注入源源不断的动力，让地方历史文化在现代社会中焕发出新的生机与活力。

# 第五节　与其他高校图书馆及研究机构的协同及策略

## 一、背景与意义

在当今时代，全球化进程迅猛加速，信息技术也飞速发展，高校图书馆所处的环境发生了翻天覆地的变化，面临着资源共享与知识传播方面前所未有的新挑战与新机遇。

全球范围内知识信息的海量增长，使读者对于知识获取的需求也日益多样化，他们不再满足于单一高校图书馆的馆藏资源。而且，随着数字化技术的不断革新，图书馆传统的资源管理与服务模式受到了巨大冲击。在这样的局势下，高校图书馆意识到，单凭自身的力量已难以应对这些复杂的情况，必须与其他高校图书馆以及研究机构建立起紧密且深入的合作关系，才能在这个知识大爆炸的时代共同推动知识的创新、传播以及应用。这种协同合作的意义非凡，不仅能够提升图书馆服务质量和影响力，还能为学术研究的深入发展注入强大动力，有力推动知识共享和学术进步。

## 二、方式与内容

### （一）资源共享与互借

高校图书馆就像是一个个知识的宝库，且各自藏有独特的财富，包括丰富的图书、各类期刊以及各种数据库等馆藏资源。高校图书馆之间建立起馆际互借协同关系，可以打通这些宝库之间的通道，共享彼此的馆藏资源。这对于读者来说意义重大，资源共享能够更好地满足他们日益多样化的需求。通过馆际互借，读者可以在更多的图书馆借阅到自己急需的图书。

### （二）联合采购与共建方面

在资金有限、资源日益昂贵的情况下，图书馆单独采购资源往往面临成本高昂、效率低下等问题，如果各图书馆之间联合采购，这就能够降低成本，提高效率。此外，双方还可以发挥各自的优势，共同建设特色数据库、专题资源库等，丰富图书馆的馆藏。学术交流与合作研究也是协同关系的重要内容。每个高校图书馆都有自己的专家学者，可以邀请其他高校图书馆的专家学者开展学术交流，共同探讨学术前沿问题，拓宽学术视野，碰撞智慧火花；还可以开展研究项目合作，共同推动学术的发展。

### （三）人员培训与技术支持

在知识信息不断更迭的时代，图书馆员需要不断提升自己的专业素养和服务能力，可以与其他图书馆及研究机构合作开展人员培训，相互切磋、共同进步。同时，双方在技术方面也可以互相支持，共享技术创新方案。例如，在图书馆数字化和智能化发展的道路上，有的在数字资源管理系统方面有独特的创新，有的在智能检索技术上有新的突破，双方共享这些成果，能够推动图书馆在数字化和智能化的进程中大步向前。

## 三、成效与未来展望

高校图书馆与其他高校图书馆及研究机构的协同合作，一方面使图书馆的服务质量和影响力得到极大的提升，以前只能服务于本校的师生，现在却可以为更多高校的读者提供优质服务，图书馆在学术界的影响力也在不断扩大；另一方面，学术研究和知识共享也得到了积极的推进，许多原本孤立的研究项目在这种协同合作过程中找到了新的思路和资源，在更广泛的范围内实现了知识共享。展望未来，高校图书馆之间这种协同关系将会得以深化发展。

### （一）在深化资源共享与互借方面

随着信息技术的不断发展，如人工智能、大数据等技术的不断进步，读者的需求也变得更加多样化和个性化，他们可能希望通过更加智能的方式获取到全球范围内的知识资源。图书馆将顺应这种趋势，进一步深化资源共享与互借机制。比如，利用智能算法为读者精准推荐其他图书馆的馆藏资源，同时优化馆际互借的流程，提高借阅的速度和便捷性，从而满足更多读者的需求。

### （二）加强联合采购与共建方面

面对资源价格的波动以及资源种类的不断增加，图书馆将更加积极主动地加强与其他图书馆的联合采购和共建工作。在联合采购时，不仅要考虑成本因素，还要根据各高校的学科特色和读者需求进行更加精准的资源选择。在共建特色数据库和专题资源库时，将整合更多的优质资源，提高资源的利用效率，使这些共建的资源库成为学术研究和知识传播的重要平台。

### （三）推动学术交流与合作研究方面

图书馆将持续推动与其他图书馆及研究机构的学术交流与合作研究工作，可以通过建立更多的学术交流平台，如线上学术研讨会、国际学术合作项目等方式，吸引更多的专家学者参与其中。同时，在合作研究项目中，将进一步打破学科壁垒，鼓励跨学科的研究合作，共同探索更多未知的学术领域，推动学术研究朝着更深、更广的方向发展。

### （四）拓展服务领域与资源渠道方面

图书馆将以更加开放的姿态积极探索与其他机构、企业的跨界合作。例如，与科技企业合作，利用其先进的技术提升图书馆的数字化服务水平；与文化机构合作，共同举办文化活动，拓展图书馆的文化服务功能。通过这种跨界合作，图书馆能够拓展服务领域和资源渠道，与其他机构、企业实现互利共赢，就像不同的河流汇聚在一起形成更广阔的水域一样，为读者提供更加丰富的知识资源和多元化的服务。

总之，高校图书馆与其他高校图书馆及研究机构的协同在提升服务质量、推动学术研究和促进知识共享方面扮演着举足轻重的作用，通过双方的共同努力和协作，可以推动图书馆事业蓬勃发展，为学术研究和知识传播做出更为卓越的贡献。

# 第六节　其他协同对象及策略

除了前几节中已经提及的文化机构、教育机构、政府部门与企事业单位以及社会组织等可以建立跨界协同关系之外，高校图书馆其实还具备着与其他多种对象进行跨界协同的巨大潜力。

## 一、媒体与网络平台

### （一）传统媒体

电视台、广播电台、报纸等传统媒体在大众传播领域占据着举足轻重的地位。它们历经岁月的沉淀，积累了广泛的受众基础，具有较强的传播力。例如，电视台拥有各种类型的节目板块，能够通过精心制作的纪录片、文化专题节目等形式，深入挖掘地方历史文化的内涵；广播电台则以其独特的音频传播方式，覆盖了大量的听众群体，无论是在人们的日常通勤途中，还是居家休闲时刻，都能传递地方历史文化的信息；报纸更是凭借其深厚的文字底蕴，以深度报道、专题专栏等形式，详细阐述地方历史文化的点点滴滴。高校图书馆可以与这些传统媒体建立合作，形成优势互补。图书馆可以提供丰富的地方历史文化资料，包括珍贵的古籍、地方史志等，而媒体则利用自身的制作团队和传播渠道，共同制作和播出关于地方历史文化的节目或报道。这样的合作方式能够极大地提升公众对地方历史文化的关注度，让更多的人意识到地方历史文化的独特魅力和重要价值。

### （二）新媒体与网络平台

随着互联网技术的飞速发展，社交媒体、短视频平台、在线学习平台等新媒体与网络平台异军突起。社交媒体具有强大的互动性，用户可以在平台上分享自己对地方历史文化的见解、体验，形成热烈的讨论氛围；短视频平台则以其简短精悍、生动有趣的视频内容，迅速抓住观众的眼球，在这个快节奏的时代，人们更倾向于通过短视频这种形式来获取信息；在线学习平台则为人们深入学习地方历史文化提供了系统的课程资源。

高校图书馆可以充分利用这些平台的优势，发布关于地方历史文化的信息、精美绝伦的图片、引人入胜的视频等内容。比如，可以将馆藏的地方历史文化相关的书画作品、古老的地图等制作成高清图片发布在社交媒体上，吸引众多文化爱好者的关注；还可以制作一系列短视频，讲述地方历史文化中的趣闻轶事，吸引更多年轻人的关注和参与，为地方历史文化的传承注入新的年轻的活力。

# 二、旅游与文化产业部门

## （一）旅游部门

旅游与地方历史文化有着千丝万缕的联系。旅游部门致力于开发各种旅游资源，吸引游客前来观光游览。地方历史文化是旅游的灵魂所在，每一个地方都有其独特的历史遗迹、文化传统等旅游资源。高校图书馆可以与旅游部门建立紧密的合作关系，凭借自身丰富的地方历史文化知识储备，与旅游部门共同开发地方历史文化旅游线路和产品。例如，以某一历史时期为主题，串联起当地与之相关的历史古迹、民俗村落等景点，打造出富有文化内涵的旅游线路，为导游提供详细的历史文化资料，或为游客讲解地方历史文化的渊源和特色。这不仅能够让游客亲身体验地方历史文化的魅力，还能有效地促进地方历史文化的传播与传承，使地方历史文化在游客的口口相传中走向更广阔的天地。

## （二）文化产业部门

文化创意产业、文化产业园区等文化产业部门具有创新意识和市场运作能力，在现代经济发展中占据着重要地位。高校图书馆与这些部门合作，可以挖掘地方历史文化中的创意元素，共同开发地方历史文化创意产品。比如，以当地的历史名人、传说故事为灵感来源，设计制作文化衍生品、纪念品等。这些产品既具有地方历史文化特色，又符合现代市场的审美需求和消费习惯。通过这种方式，能够实现地方历史文化的经济价值；也有助于推动地方文化产业的发展，形成地方历史文化与文化产业相互促进、共同发展的良好局面。

# 三、科研机构与学术团体

## （一）科研机构

无论是高校内的其他科研机构，还是校外的专业研究机构，都在地方历史文化的研究方面有着各自的专长。高校图书馆可以与这些科研机构合作，共同开展地方历史文化的研究项目。例如，在考古发掘方面，图书馆可以提供考古学相关的历史文献资料，辅助考古人员更好地了解发掘区域的历史背景，而科研机构则运用先进的考古技术和方法进行实地发掘工作。在历史文献整理方面，图书馆收藏着大量的地方历史文献，但这些文献由于年代久远、保存条件等因素存在破损、字迹模糊等问题。科研机构可以借助数字化修复技术、文献分析软件等现代技术手段，与图书馆共同对这些历史文献进行整理、研究。通过这样的合作，能够深入挖掘地方历史文化的内涵，推动地方历史文化研究的发展。

## （二）学术团体

地方历史文化相关的学术团体或组织，如历史学会、文化研究会等，汇聚了众多的专家学者和文化爱好者。高校图书馆加入或参与这些学术团体，能够通过参与学术活动、交流研究成果等，提升自身在地方历史文化研究领域的知名度和影响力。例如，在学术活动中，图书馆可以展示自己在地方历史文化研究方面的独特资源和研究成果，与其他专家学者进行深入的交流和探讨。同时，也能够及时了解到地方历史文化研究的最新动态和前沿成果，不断丰富自己的馆藏资源和研究方向。这种互动与交流，有助于构建一个更加广泛、深入的地方历史文化研究网络，促进地方历史文化研究成果的传播与共享。

# 四、其他图书馆与信息中心

## （一）国外图书馆与信息中心

在全球化的时代背景下，地方历史文化的国际交流与合作变得日益重要。国外的图书馆或信息中心拥有不同的文化视角和资源优势，高校图书馆与国外的图书馆或信息中心建立合作关系，可以与其共同开展地方历史文化的国际交流与合作。例如，双方可以互相交换地方历史文化相关的书籍、资料，举办国际学术研讨会，邀请国内外的专家学者共同探讨地方历史文化在国际文化交流中的意义和价值。通过这种方式，能够提升地方历史文化在国际上的知名度和影响力，让世界更多地了解中国地方历史文化的博大精深，同时也能借鉴国外地方历史文化保护与传承的优秀经验。

### （二）其他类型的图书馆

专业图书馆、特色图书馆等其他类型的图书馆与高校图书馆相比，拥有不同的资源和优势。专业图书馆在特定领域的资料收藏方面更为深入和专业，特色图书馆则以其独特的馆藏特色而闻名。通过合作与交流，高校图书馆可以与这些图书馆实现资源的互补和共享。比如，高校图书馆可以从专业图书馆获取某一专业领域内与地方历史文化相关的前沿研究资料，而特色图书馆则可以向高校图书馆分享其独特的地方历史文化藏品信息。这种资源的整合能够为地方历史文化的研究、传承与发展提供更丰富、更全面的支持。

## 五、文化专家与学者个人

文化专家与学者在地方历史文化研究领域具有深厚的专业知识和丰富的经验。高校图书馆邀请文化专家、学者参与地方历史文化的研究与传承工作，能够显著提升高校图书馆在这方面的能力与水平。文化专家和学者可以为高校图书馆的地方历史文化研究项目提供专业指导，从研究方向的确定、研究方法的选择到研究成果的评估，他们的经验和见解都能起到关键作用。在技术支持方面，文化专家和学者还可能掌握着一些特殊的研究技术或工具，能够帮助高校图书馆更好地进行文化遗产保护、历史文献整理等工作。此外，他们的参与还能吸引更多的关注和资源投入地方历史文化的传承工作中，提升高校图书馆在地方文化传承领域的知名度和影响力。

总之，高校图书馆在地方历史文化传承中的跨界协同对象确实是非常广泛的，涵盖了媒体与网络平台、旅游与文化产业部门、科研机构与学术团体以及其他图书馆与信息中心等诸多领域。与这些不同对象的跨界协同，可以有效地整合各方资源，充分发挥各自的优势，形成强大的合力，共同推动地方历史文化的传承与发展，使其在现代社会的发展进程中不断焕发出新的光彩，为子孙后代留下宝贵的文化财富。

第八章

高校图书馆地方文化传承跨界协同的策略

# 第一节　明确跨界协同的目标与定位

在探索地方文化传承的广阔天地里，跨界协同成为一股不可忽视的力量，各方关系相互接力，同向而行，共赢发展。而在这场文化接力赛中，高校图书馆以其丰富的文献资源、深厚的文化底蕴和开放包容的姿态扮演着重要角色，正逐步成为跨界协同的核心节点。本节将就高校图书馆关于地方文化传承跨界协同的策略进行深入探讨、提出建议。

## 一、确立文化传承的使命

随着现代化进程的加速，许多地方文化元素面临逐渐被人们遗忘的困境。高校图书馆作为知识的殿堂和历史文化的重要储存地，肩负着传承文化的重要使命。地方文化是一个地区独特的精神标识，承载着当地人民的历史记忆、风俗习惯和价值观念。高校图书馆要想有效地传承地方文化，首先应进行深度的文化探索，深入到当地的各个角落，与不同年龄、不同阶层的人群交流，了解地方文化的独特性。例如，深入到古老的街区，与那些世世代代生活在那里的老人交谈，他们口中的传说、传统的手工艺等都是地方文化独特性的重要体现。同时，还要精准把握受众需求，了解当代人尤其是年轻人对地方文化的兴趣点在哪里，是对古老传说的好奇，还是对传统手工艺背后故事的探寻。只有这样，才能确保文化传承工作的针对性和有效性。

基于调研结果，制定详细的文化传承计划、明确传承内容、方式、目标受众等是至关重要的。传承内容要涵盖地方文化的各个方面，从历史悠久的地方文献到丰富多彩的民俗资料，再到珍贵的非物质文化遗产。传承方式要多样化，不能仅仅局限于传统的纸质书籍展示，还要结合现代技术手段，如数字化展示、虚拟现实体验等。目标受众也要细分，针对不同年龄段、不同文化背景的人群制定不同的传承策略，以确保文化传承工作的系统性和可持续性。

## 二、定位自身的跨界协同角色

### （一）资源提供者

经过长时间的积累，高校图书馆已经成为地方文化资源的宝库，珍藏着无数的文化瑰宝。每一份地方历史文献都记录着当地的发展变迁；民俗资料则展现了当地人民的生活百态，从传统节日的庆祝方式到独特的婚丧嫁娶习俗；非物质文化遗产更是地方文化的精髓，如独特的民间音乐、舞蹈、手工艺等。高校图书馆可以为各类用户提供这些丰富的文化资源。无论是学者进行的研究，还是普通民众对地方文化的探索，都能在这里找到满足自己需求的文化宝藏。

### （二）平台搭建者

在地方文化传承的宏大叙事中，高校图书馆应扮演平台搭建者的角色。如今，地方文化的传承与发展需要各方力量的共同参与，单一的力量难以实现其全面的传承与创新发展。政府掌握着政策资源，企业具备资金和市场运作能力，社区是地方文化的基层承载者，教育机构有着教育资源和人才培养的优势。高校图书馆要搭建起跨界协同的平台，促进政府、企业、社区、教育机构等多方合作。这个平台就像是一个文化交流的大舞台，各方角色可以在这里各展其能，共同推动地方文化的传承与发展。例如，通过组织定期的合作洽谈会、项目对接会等形式，让各方能够充分交流，发现合作的契合点，共同开展各种地方文化传承项目。

### （三）活动组织者

高校图书馆还可以作为活跃的活动组织者。通过策划和组织各类文化活动，如讲座、展览、读书会等，激发人们对地方文化的热爱和关注，提高地方文化的知名度和影响力。为此，高校图书馆既可以邀请地方文化的专家学者、民间艺人等，他们以自己的亲身经历和深入研究，为听众讲述地方文化背后的故事和深刻内涵，也可以将地方文化的实物、图片等集中展示，让观众直观地感受地方文化的魅力。读书会则可以组织大家阅读与地方文化相关的书籍，深入探讨地方文化在文学作品中的体现。

# 第二节　挖掘与整合地方文化资源

高校图书馆在挖掘与整合地方文化资源方面应充分发挥自身优势，可以考虑通过建立特色馆藏体系、优化文献信息资源整合、开展地方文化交流活动、加强数字化建设等措施，有效整合地方文化资源等多种方式进行。

## 一、建设特色文化馆藏

### （一）搜集资料

建设特色文化馆藏的第一步是广泛搜集资料。高校图书馆要通过多种方式搜集地方历史文献、民俗资料、非物质文化遗产等。购买是一种常见的方式，图书馆员要像寻宝者一样，在各种古籍市场、文化商店中寻找那些珍贵的地方历史文献。捐赠则需要与当地的收藏家、文化爱好者沟通，鼓励他们将自己珍藏的与地方文化相关的物品或资料捐赠给图书馆。征集工作更是要深入到民间，张贴征集启事，组织专门的征集团队深入到乡村、社区，挖掘那些散落在民间的民俗资料和非物质文化遗产的相关物品，如古老的农具、传统的服饰、手工艺品的制作工具等，从而丰富图书馆的文化馆藏。

### （二）分类整理

搜集到丰富的文化资源后，接下来就要进行分类整理工作，对所搜集的资料进行梳理。要建立详细的目录和索引，这一过程需要专业的知识和严谨的态度。对于地方历史文献，要按照年代、主题等进行分类，例如，可以将古代地方史志与近现代的地方发展研究资料分开，再根据不同的历史时期进一步细分。民俗资料则可以按照民俗类型分类，如节日民俗、婚俗、丧俗等。非物质文化遗产相关资料要根据不同的项目类别进行分类，如民间音乐、民间舞蹈、传统手工艺等。这样详细的分类整理方便用户查找和使用，让使用者能够像在地图上寻找目的地一样，轻松地找到自己需要的文化资源。

### （三）数字化建设

随着信息技术的飞速发展，数字化建设成为提高文化资源利用率和传播范围的关键。利用现代信息技术，将文化资源转化为数字资源是一项系统的工程。对于地方历史文献，要进行高精度的扫描，将纸质文献转化为电子文档，同时对文字进行识别，方便用户搜索和复制。民俗资料和非物质文化遗产相关的视频、音频资料要进行数字化处理，保证其清晰度和可播放性。通过建立专门的数字资源库，将这些数字资源分类存储，并提供在线浏览、下载等功能，让更多的人可以突破地域和时间的限制，获取到地方文化资源。

## 二、实现资源共享

### （一）建立共享机制

高校图书馆要与地方政府、企业、社区等建立共享机制，为实现文化资源共享和互通制定制度保障。与地方政府的共享机制可以通过签订合作协议的方式，明确双方在文化资源共享方面的权利和义务。例如，政府可以将一些内部的文化研究资料提供给图书馆，图书馆则可以将自己的特色文化资源向政府部门开放，供其在制定文化政策、开展文化项目时参考。与企业的共享机制可以建立在互利共赢的基础上，企业可以利用图书馆的文化资源进行文化创意产品的开发，图书馆则可以借助企业的市场渠道推广自己的文化资源。而与社区的共享机制要更加注重基层民众的文化需求，社区可以组织居民到图书馆借阅文化资源，图书馆也可以将适合社区文化建设的资源直接送到社区，如举办小型的文化展览等。

### （二）推广数字资源

在互联网时代，推广数字资源是扩大地方文化影响力的重要手段。通过图书馆网站、社交媒体等渠道可以进行数字资源的推广。图书馆网站要设计专门的地方文化资源板块，将数字资源进行精心分类展示，同时提供详细的使用指南。在社交媒体方面，利用微博、微信、抖音等平台的强大传播力。微博可以发布简短而有吸引力的文化资源介绍和链接，微信公众号可以推送深度的文化解读文章和数字资源的使用教程，抖音则可以制作有趣的短视频展示地方文化资源的魅力。这样方便用户随时随地获取和使用文化资源，让地方文化资源在虚拟的网络空间中得到更广泛地传播。

# 第三节　开展跨界协同活动

在跨界协同过程中，高校图书馆可以根据不同的协同对象，组织开展多样化的跨界协同活动，并注重建立协同机制、加强宣传推广、效果跟踪和改进等，可以不断提升地方文化传承服务能力和质量，为读者提供更加优质的服务。

## 一、与地方政府合作

### （一）共同举办活动

高校图书馆与地方政府协同举办地方文化节、文化展览等活动，这是展示地方文化魅力的重要途径。地方文化节是一个综合性的文化盛会，在筹备过程中，图书馆可以提供丰富的文化资料作为活动的素材，例如，挖掘地方历史上的传统节日习俗，为文化节的节目策划提供灵感；提供场地支持，举办与地方文化相关的小型展览、讲座等活动；协助政府进行文化展览的展品挑选、布展等工作。政府则可以利用自己的行政资源，协调各方力量，保障活动的顺利进行，如提供安全保障、邀请相关方面的重要嘉宾等。这样的合作，能够将地方文化节、文化展览等活动办得丰富多彩，吸引更多的人参与，让地方文化的魅力得以充分展示。

### （二）政策支持

争取地方政府的政策支持对于高校图书馆的文化传承工作至关重要。地方政府在资金、场地等方面具有重要的调配能力。图书馆要积极向政府部门阐述地方文化传承的重要意义，让政府认识到图书馆在地方文化传承中的核心作用。例如，在资金方面，图书馆可以申请专项资金用于购买地方文化相关的珍贵文献、开展文化研究项目等。在场地方面，政府可以为图书馆提供更多的公共空间用于举办文化活动，或者帮助图书馆改善馆舍条件，以更好地保存和展示地方文化资源。

## 二、与企业合作

### （一）开发文化创意产品

高校图书馆与企业合作开发具有地方文化特色的文化创意产品是文化与产业融合发展的创新举措。企业具有敏锐的市场洞察力和强大的生产能力，图书馆则拥有丰富的文化资源。双方合作可以挖掘地方文化中的独特元素，如地方传统图案、民间故事等，将其融入文化创意产品的设计中。例如，开发具有地方特色的纪念品，像印有地方传统图案的手帕、丝巾，或者以民间故事为主题的手工艺品。旅游商品也是一个重要的开发方向，如结合地方自然风光和文化特色制作的精美明信片、特色小摆件等。这样的合作不仅能够将地方文化以新的形式呈现出来，还能为企业带来新的经济增长点，实现文化与产业的融合发展。

### （二）品牌宣传

借助企业的品牌优势提高地方文化的知名度和影响力是一种有效的合作方式。企业通常拥有广泛的市场渠道和庞大的客户群体。图书馆可以与知名企业合作，将地方文化元素融入企业的品牌宣传中。例如，企业在做广告宣传时，可以加入地方文化的元素，如以地方传统建筑为背景拍摄广告片，或者在产品包装上印上地方文化的标识。通过这种方式，企业的品牌宣传与地方文化传播相互促进，企业借助地方文化提升了品牌的文化内涵，地方文化也借助企业的品牌宣传走向更广阔的市场。

## 三、与社区合作

### （一）开展文化活动

高校图书馆与社区合作开展文化讲座、读书会等活动，对于提高社区居民的文化素养和文化认同感具有重要意义。文化讲座可以根据社区居民的需求和兴趣，邀请相关的专家学者或文化名人到社区进行演讲。例如，如果社区老年人较多，可以举办关于地方传统养生文化的讲座；如果社区年轻人较多，可以开展关于地方文化创新发展的讲座。读书会则可以选择一些与地方文化相关的书籍，组织社区居民共同阅读和讨论。这些活动就像一场场文化的甘霖，滋润着社区居民的精神家园，让他们在轻松愉快的氛围中学习地方文化知识，提高自身的文化素养，同时也增强了对地方文化的认同感。

### （二）志愿服务

鼓励社区居民参与图书馆的志愿服务工作是一种双赢的合作模式。社区居民可以在志愿服务过程中深入了解图书馆的文化资源和文化传承工作，同时也能为图书馆的发展贡献自己的力量。例如，社区居民可以协助图书馆进行图书整理、读者引导等工作。对于图书馆来说，社区居民的参与可以增加图书馆的人力支持，让图书馆能够更好地开展地方文化传承工作。同时，通过这种互动，能够在社区中营造良好的文化氛围，共同推动地方文化的传承与发展。

## 四、与教育机构合作

### （一）融入教育体系

高校图书馆与中小学、职业学校等教育机构合作，将地方文化融入教育体系是培养学生文化自觉和文化自信的有效途径。在中小学教育中，可以将地方文化融入语文、历史、美术等课程中。例如，在语文课程中，选取地方民间故事作为阅读材料，让学生感受地方文化的独特魅力；在历史课程中，讲述地方历史发展进程，增强学生对家乡的了解；在美术课程中，教授学生绘制地方传统图案，培养学生的艺术创造力。在职业学校教育中，可以将地方文化与职业技能培训相结合，如在旅游专业的教学中，加入地方文化旅游资源的介绍和开发课程，让学生在学习职业技能的同时，也能深入了解地方文化。这种方式，从青少年时期就开始培养学生对地方文化的热爱，让地方文化在新一代人中得到传承和发展。

### （二）师资培训

为教育机构提供师资培训服务是高校图书馆与教育机构合作的重要任务。教师是教育的关键，提高教师的文化素养和教学能力对于地方文化在教育体系中的有效传承至关重要。图书馆可以利用自己的文化资源和专家团队，开展针对教师的培训课程。这些课程可以包括地方文化知识的系统讲解、地方文化与课程教学融合的方法探讨等。例如，邀请地方文化研究专家为教师讲述地方文化的历史渊源、文化内涵等知识，同时组织教师进行教学案例的分享和讨论，让教师们能够更好地将地方文化融入日常教学中，提高教学质量，从而更好地培养学生的文化自觉和文化自信。

# 第四节　创新服务方式与技术手段

服务方式与技术手段的创新是高校图书馆地方文化跨界协同成功的关键和重要的评价指标，需要通过多方面的努力。如，利用现代信息技术、引入人工智能技术、建立移动服务平台等，紧跟文化传承创新步伐，提升跨界协同能力。

## 一、利用现代信息技术

### （一）虚拟现实（VR）

利用 VR 技术创建虚拟的文化场景，能让用户身临其境地感受地方文化的魅力。例如，对于一些已经消失的地方历史建筑，通过 VR 技术可以重建其昔日的辉煌。用户戴上 VR 设备后，仿佛置身于古老的建筑之中，可以看到建筑内部精美的装饰、感受到当时的生活氛围。对于地方传统节日的场景再现，用户可以在虚拟场景中参与节日的庆祝活动，观看传统的民俗表演，品尝节日美食等。这种沉浸式的体验能够让用户更加深入地了解地方文化的内涵，激发他们对地方文化的热爱之情。

### （二）增强现实（AR）

AR 技术则将文化元素与现实生活相结合，提高用户的参与度和体验感。以地方文化遗址为例，当用户使用带有 AR 功能的设备扫描遗址时，手机屏幕上会显示出遗址的历史信息、相关的传说故事等。在博物馆参观地方文化展品时，AR 技术可以让展品"活"起来，展示其制作过程、使用方法等。在旅游景区，AR 技术可以将当地的民间传说以动画的形式展现在游客眼前，让游客在游览自然景观的同时，更加深入地了解地方文化，增加旅游的趣味性和文化内涵。

# 二、构建线上服务平台

## （一）网站建设

建立图书馆官方网站是构建线上服务平台的重要基础。网站要全面发布地方文化相关信息，包括地方文化的历史、现状、特色文化项目等。同时，要提供在线阅读功能，将图书馆的地方文化馆藏数字化后供用户在线阅读。咨询服务也是网站的重要功能之一，用户可以通过在线客服、留言板等方式向图书馆的专业人员咨询地方文化相关的问题。网站的界面设计要简洁明了、易于操作，让用户能够方便快捷地找到自己需要的信息。

## （二）社交媒体

利用微博、微信、抖音等社交媒体平台发布地方文化相关内容，可以吸引更多用户关注和参与。微博平台可以及时发布地方文化活动的消息、文化研究的新成果等，同时利用话题功能引发用户的讨论。微信公众号可以定期推送深度的地方文化解读文章、文化人物专访等内容，还可以设置互动环节，如文化知识问答、用户投稿等。抖音平台则适合发布短小精悍、富有创意的地方文化短视频，如地方传统手工艺制作过程、地方特色美食的制作等，通过视觉上的吸引力吸引大量用户点赞、转发，扩大地方文化的影响力。

## （三）开发移动应用

（1）开发应用

开发针对地方文化的移动应用是满足用户随时随地获取地方文化资讯需求的重要手段。这个移动应用要具备丰富的功能，如提供地方文化资讯，包括最新的文化活动信息、文化研究动态等。在线阅读功能可以让用户在移动设备上阅读与地方文化相关的书籍、文章等。互动交流功能则允许用户之间分享自己的文化体验、交流文化见解，还可以与文化专家进行在线互动。此外，应用还可以根据用户的兴趣爱好和浏览历史，为用户推荐个性化的地方文化内容。

（2）用户反馈

通过用户反馈机制不断优化移动应用的功能和用户体验是移动应用持续发展的关键环节。在应用中设置专门的反馈入口，用户可以对应用的功能、内容等方面提出意见和建议。例如，如果用户发现某个文化资讯不准确或者某个功能使用不方便，就可以及时反馈给开发团队。开发团队要定期收集和整理用户反馈，根据用户的需求对应用进行优化升级，如增加新的功能、改进界面设计等，以提高用户的满意度和忠诚度。

# 第五节　加强人才培养与团队建设

在文化传承中，人才是第一要素。加强地方文化传承跨界协同人才培养与团队建设，能够提升高校图书馆跨界协同专业化能力，更好地履行职能，保障效果。

## 一、引进专业人才

### （一）制定招聘计划

详细的招聘计划是引进具有地方文化研究背景或跨学科背景专业人才的重要保障。在招聘计划中，要明确招聘标准和要求。对于地方文化研究背景的人才，要求他们对当地的历史、民俗、非物质文化遗产等方面有深入的研究，能够熟练运用相关的研究方法进行文化资源的挖掘和整理。对于跨学科背景的人才，如既懂文化艺术又懂信息技术的人才，要求他们能够将不同学科的知识和技能融合运用到地方文化传承工作中。同时，招聘过程要严格公正，通过多种渠道发布招聘信息，如高校的就业网站、专业的人才招聘网站、文化行业论坛等，吸引更多符合条件的人才加入图书馆。

### （二）培训机制

建立完善的培训机制对于提高新入职员工的专业素养和综合能力至关重要。新入职员工虽然可能具有一定的专业知识，但对于高校图书馆的地方文化传承工作的具体要求和流程可能并不熟悉，随着知识的不断更新和多元化需求的增长，仅仅依靠原有的知识储备很难适应新的工作要求，并且，在这个全球化和知识融合的时代，培养复合型人才成为了高校图书馆人才发展的重要目标。因此，建立完善的培训机制对于高校图书馆来说势在必行。通过建立完善的培训机制，能够全方位地提高新入职员工的专业素养和综合能力，包括专业知识的深化学习、信息技术的掌握、文化传播能力的提升等多个方面。

跨学科培训是实现这一目标的重要途径。高校图书馆的馆员们身处知识的汇聚地，但面对地方文化传承跨界协同这样复杂且多学科交叉的工作时，单一学科的知识结构就显得捉襟见肘。通过培训、交流等方式，组织定期的跨学科讲座，邀请不同学科领域的专家来分享他们的研究成果和最新的学科动态；通过开展馆员之间的跨学科学习小组交流活动，分享各自在不同学科学习和工作中的经验。这些方式能够有效提高图书馆员的跨学科素养和综合能力，进而培养出能够适应多学科工作需求的复合型人才。

## 二、团队协作

在地方文化研究与传承工作中，鼓励图书馆员之间的团队协作是至关重要的。地方文化是一个丰富而多元的整体，涉及历史、民俗、艺术等诸多方面，单一个体很难对其进行全面深入的研究与传承。图书馆员们虽然都在同一个知识服务领域工作，但各自的知识背景、研究兴趣和工作经验存在差异。当他们共同开展地方文化研究与传承工作时，可以充分发挥各自的优势，相互补充。

组建跨学科团队更是深化这一工作的有效方式。高校图书馆凭借其丰富的人才资源，组建由不同学科背景的专家组成的团队，这些专家可能来自文学、历史、社会学、艺术学等不同学科。例如，在研究地方传统民俗文化时，文学专家可以从民间文学的角度解读民俗故事的文学价值，历史专家能够梳理民俗文化的发展脉络，社会学专家则分析民俗文化背后的社会结构和人际关系，艺术学专家对民俗艺术形式进行深入探究。他们共同开展地方文化研究与传承工作，能够从多个维度挖掘地方文化的内涵。

通过项目合作的方式，推动跨学科团队之间的交流与合作，这有助于打破学科之间的壁垒。在项目合作过程中，不同学科背景的团队成员围绕一个共同的地方文化研究项目展开工作。他们需要相互沟通、协调，共同制定研究方案、解决遇到的问题。这样的合作不仅能够促进知识的融合和创新，更能共同推动地方文化的传承与发展。

# 第六节 完善政策保障与激励机制

完善的政策保障与激励机制是高校图书馆跨界协同关系可持续发展的重要保证。可以通过制定协同框架、详细规划、设立专项基金、建立绩效评估体系、提供培训等多方面争取政策支持，并建立激励机制，激发各方的积极性和创造力。

## 一、争取政策支持

深入研究国家和地方相关政策是高校图书馆开展工作的重要前提。国家和地方的政策导向和支持力度直接影响着图书馆在地方文化传承跨界协同方面的工作开展。图书馆需要组织专门的人员或团队，深入解读相关政策文件。例如，关注文化产业发展政策中关于地方文化挖掘和传承的条款，教育政策中对高校社会服务职能的要求等。通过深入研究，准确把握政策导向和支持力度的变化。

积极向地方政府、教育部门等相关机构争取政策支持也是不可或缺的环节。高校图书馆可以通过撰写详细的项目报告，阐述自身在地方文化传承跨界协同方面的规划、目标和预期成果，向相关机构展示图书馆工作对于地方文化发展的重要意义，争取政策上的扶持，如财政拨款的增加、土地资源的优先使用等，为图书馆的文化传承与跨界协同提供有力保障。

## 二、建立激励机制

建立科学合理的绩效考核机制对于图书馆员的工作管理和发展具有重要意义。针对图书馆员在文化传承与跨界协同工作方面，需要制定明确的考核指标。这些指标包括参与地方文化研究项目的数量和质量，在跨界协同工作中的贡献度，对新的服务方式和技术手段的创新应用等。通过定期考核和评价，全面、客观地了解图书馆员的工作表现。

根据绩效考核结果，建立相应的奖励机制。对于表现优秀的图书馆员，给予物质奖励，如奖金、奖品等；同时进行精神上的表彰，如颁发荣誉证书、公开表扬等。这将极大地激发他们的工作积极性和创造力。

　　为图书馆员提供职业发展规划和晋升机会同样重要。根据图书馆员的专业背景、工作能力和职业兴趣，为他们量身定制职业发展规划。例如，为在地方文化研究方面有突出表现的馆员提供晋升为研究馆员的机会，鼓励他们不断提升专业素养和综合能力。

　　总之，高校图书馆在地方文化传承跨界协同方面应明确目标与定位、挖掘与整合地方文化资源、开展跨界协同活动、创新服务方式与技术手段、加强人才培养与团队建设以及完善政策保障与激励机制等。这些策略相互关联、相互促进，它们的实施将有助于推动地方文化的传承与发展，促进文化与产业的融合发展，为地方文化的繁荣作出积极而重要的贡献。

第九章

跨界协同实践——高校图书馆地方文化传承跨界

协同实操与典型案例分析

# 第一节 如何与地方宣传部门协同开展文化活动

高校图书馆和地方党委宣传部门都在地方文化的发展中扮演着极为关键的角色。高校图书馆是知识宝库和文化传播的重要阵地，拥有丰富的文化资源、专业的人才队伍以及广泛的读者群体；而地方宣传部门则掌握着地方的行政资源、具有强大的组织协调能力，并且对地方文化的发展起着宏观的规划和布局作用。因此，高校图书馆可以与宣传部门协同开展文化活动，共同推动地方文化发展。

## 一、举办地方文化节或展览

### （一）确定主题选择

地方文化是一个地区独特的精神标识，有着深厚的内涵和丰富的表现形式。选择具有地方特色的文化主题是办好文化节或展览的首要任务，地方历史犹如一部生动的史书，记录着这个地方从古至今的发展脉络，每一个历史事件、每一个历史人物都是地方文化的重要组成部分；民俗文化涵盖了当地人民的传统习俗、节日庆典等，这些习俗反映了当地人民的生活方式、价值观念和审美情趣；民间艺术则是民间艺人智慧的结晶，像剪纸、刺绣、木雕等艺术形式，它们以独特的工艺和艺术风格展现着地方的魅力；还有非物质文化遗产，这些濒临失传的技艺和文化传统承载着地方的记忆与灵魂。根据这些主题精心策划活动内容和形式是确保活动具有吸引力和影响力的关键所在。例如，如果以地方历史为主题，可以通过展示历史文物的复制品、播放历史纪录片等方式，让观众仿佛穿越时空，亲身感受地方历史的厚重；对于民俗文化主题的活动，则可以设置民俗文化体验区，让参与者亲自体验传统习俗的乐趣。

### （二）确定活动形式

举办展览、讲座、研讨会、工作坊等多种形式的活动，能够全方位、多层次地展示地方文化的独特魅力。其中，展览可以通过实物展示、图片陈列、多媒体演示等手段，将地方文化的精髓直观地呈现在观众眼前；讲座则可以邀请对地方文化有深入研究的专家学者，他们凭借深厚的学术造诣和丰富的知识储备，深入浅出地解读地方文化的内涵；研讨会能够为文化研究人员、爱好者提供一个交流思想、分享见解的平台，大家可以共同探讨地方文化的传承与创新；工作坊可以邀请民间艺人现场传授民间艺术的制作技巧，让参与者亲自动手体验，增加活动的趣味性和互动性。邀请专家学者、文化传承人等参与活动是提升活动专业性和权威性的有效途径。专家学者能够从学术的高度对地方文化进行分析和解读，为地方文化的研究和发展提供理论支持；文化传承人则是地方文化的活化石，他们掌握着原汁原味的传统技艺和文化知识，通过他们的言传身教，让观众更加真切地领略地方文化的魅力。

### （三）宣传推广

在信息化时代，有效地宣传推广对于文化活动的成功举办至关重要。利用图书馆和党委政府的宣传渠道，如网站、社交媒体、宣传册等，进行广泛宣传是必不可少的。图书馆的网站可以设立专门的活动板块，详细介绍活动的主题、内容、时间、地点等信息，并配以精美的图片和视频，吸引读者的关注；社交媒体平台如微信公众号、微博等则可以发布活动预告、活动花絮、参与者的心得体会等内容，通过分享和转发，扩大活动的影响力范围；宣传册可以设计得精美而富有地方文化特色，在社区、学校、商场等人流量较大的地方发放，让更多的人了解活动信息。与当地媒体合作，更是增加活动曝光度和影响力的重要手段。当地的报纸、电视台、广播电台等媒体具有广泛的受众群体，通过他们的报道，可以让更多的人知晓活动，吸引更多的人参与到活动中来。

## 二、组织文化交流活动

### （一）文化交流项目

地方文化不应局限于本地，推动地方文化与外界的交流与合作，有助于拓宽地方文化的发展视野，促进文化的多元融合。例如，与其他地区的图书馆、文化机构进行文化交流活动，就是一种非常有效的方式。不同地区的文化有着各自的特色和魅力，通过文化交流展览，可以将本地的文化精品展示给其他地区的观众，同时也能够欣赏到其他地区的优秀文化成果；通过举办演出活动，如地方戏曲的交流演出，既能让本地的戏曲文化走向更广阔的舞台，又能让本地观众领略到其他地区戏曲的独特韵味；讲座也是文化交流的重要形式，不同地区的专家学者可以在讲座上分享各自地区的文化研究成果和文化特色，促进文化知识的共享。通过这些活动，展示地方文化的多样性和包容性，让地方文化在交流中不断吸收新的元素，实现创新发展。

## （二）学术研讨

邀请相关领域的专家学者进行学术研讨，对于深入探讨地方文化的发展趋势和保护策略具有重要意义。地方文化在现代社会面临着诸多挑战，如城市化进程的加速、现代文化的冲击等，如何在保护传统文化的基础上实现创新发展，是一个亟待解决的问题。专家学者们凭借他们在文化研究领域的专业知识和丰富经验，能够从不同的角度对这些问题进行深入分析，组织学术会议、研讨会等活动，为地方文化的研究和发展提供交流平台。在这些平台上，学者们可以分享最新的研究成果、交流研究思路和方法，共同探讨地方文化在新时代背景下的发展路径。这不仅有助于提高地方文化研究的整体水平，还能为地方政府制定文化政策提供科学依据。

# 三、推动阅读推广和文化普及

## （一）阅读活动

阅读是传承和弘扬文化的重要方式，举办读书节、阅读月等活动，对于推广阅读文化，提高公众的阅读兴趣和阅读水平具有积极的推动作用。读书节可以设定不同的主题，如经典文学阅读、地方文化书籍阅读等，围绕主题开展一系列丰富多彩的活动，如读书征文比赛、读书分享会、经典诵读等。在阅读月期间，可以推出一系列阅读推广活动，例如邀请知名作家举办讲座，与读者分享创作心得和阅读体会；开展图书漂流活动，让书籍在读者之间传递，增加书籍的阅读率；设立阅读角、流动图书馆等，为公众提供便捷的阅读环境和资源。阅读角可以设置在社区、学校、公园等公共场所，为人们提供一个随时随地可以阅读的空间；流动图书馆则可以将图书送到偏远地区、农村地区，让更多的人能够接触到书籍，享受阅读的乐趣。

## （二）文化普及

开展文化普及活动，如地方历史讲座、民俗故事分享等，是提升公众对地方文化认知和认同感的有效途径。地方历史讲座可以邀请地方史专家，以通俗易懂的方式讲述当地的历史变迁、重大历史事件和历史人物，让公众了解自己家乡的历史渊源；民俗故事分享则可以邀请民间艺人或者民俗文化爱好者，讲述那些充满趣味和哲理的民俗故事，让公众感受到民俗文化的独特魅力。此外，还可以利用图书馆的资源和服务，为公众提供文化教育和培训机会。图书馆可以开设各类文化课程，如书法、绘画、传统文化知识等，由专业的教师或者志愿者授课，让公众在学习中提升自己的文化素养。

## 四、合作建设文化设施

### （一）文化设施规划

文化的传承与发展成为当今时代各个地区重点关注的内容。高校图书馆作为知识与文化的汇聚地，与地方政府合作规划和建设文化设施是推动地方文化繁荣的重要举措。地方政府在城市规划和文化建设方面做好宏观的布局与资源调配，而高校图书馆则凭借丰富的文化资源和专业的文化服务经验做好具体实施工作，如共同规划诸如文化中心、图书馆分馆、文化广场等文化设施。

文化中心可以作为一个综合性的文化展示与交流平台，功能涵盖艺术表演、文化展览、文化培训等多个方面。图书馆分馆的建设能够让更多的民众便捷地获取图书资源，弥补部分地区图书馆分布不均衡的问题。文化广场则为公众提供了一个开放式的文化活动空间，可举办各类民俗活动、文艺表演等。高校图书馆在这个过程中，不仅要积极参与到设施的选址、功能规划等前期工作中，还要在后续的建设过程中提供专业的文化视角建议。同时，也要参与文化设施的运营管理，为其提供图书馆资源和服务支持。例如，定期为文化中心和图书馆分馆更新图书资料，派遣专业的图书馆员到分馆进行业务指导，提供数字化的图书馆服务平台等，使这些文化设施在运营过程中能够持续地发挥文化传播与服务的功能。

### （二）加强设施利用

协同建设的文化设施有着广泛的用途。利用文化设施举办演出、展览、讲座等各类文化活动，可以极大地丰富公众的文化生活。其中，演出可以包括音乐演奏会、戏剧表演等多种形式，让民众在欣赏艺术表演的同时提升自身的文化艺术修养；展览则可以展示不同类型的文化艺术作品，如绘画、书法、摄影等，为本地艺术家提供展示平台的同时，也让民众接触到多元的艺术形式；讲座可以邀请各个领域的专家学者，分享他们在文学、历史、科学等方面的研究成果和见解，拓宽民众的知识视野。同时，将文化设施作为图书馆的资源和服务延伸点，为公众提供更加便捷和多样化的服务。例如，在文化广场设置流动图书服务站，定期更换图书种类，方便民众在休闲娱乐的同时借阅图书；在文化中心设置专门的电子资源查询区域，民众可以在这里免费使用高校图书馆的电子数据库，获取学术研究资料、电子书籍等。

# 五、促进文化产业发展

## （一）文化产业合作

随着时代的发展，文化产业在地方经济发展和文化传承中的作用日益凸显。高校图书馆可以与地方宣传部门协同推动文化产业的发展，如文化旅游、文化创意、数字文化等。地方宣传部门在政策扶持、产业规划方面有着主导作用，高校图书馆则凭借其丰富的文化资源储备和专业的文化研究力量，与地方政府形成互补。

文化旅游方面，高校图书馆可以提供当地历史文化、民俗风情等方面的深入研究资料，为旅游线路的规划注入文化内涵。例如，挖掘一些鲜为人知但极具文化价值的历史遗迹，将其纳入旅游线路中，并为游客提供详细的文化解读资料。在文化创意领域，图书馆丰富的书籍、图像等资源能够为创意工作者提供无尽的灵感源泉。同时，高校图书馆还可以利用其学术资源，为文化创意产业的发展提供理论支持和人才培养方面的帮助。对于数字文化产业，高校图书馆的数字资源库、数字化技术应用经验等都可以成为推动其发展的有力支撑。高校图书馆利用自身在创意、设计、推广等方面的资源和服务优势，为文化产业的各个环节提供支持。

## （二）文化产业项目

高校图书馆积极参与文化产业项目的策划和实施，如文化旅游线路开发、文化创意产品开发等。在文化旅游线路开发过程中，高校图书馆可以与旅游部门合作，深入研究当地的地理、历史、文化等因素，规划出独具特色的旅游线路。例如，以当地的历史名人故居为线索，串联起周边的自然风光、民俗村落等景点，打造一条集文化体验、休闲观光为一体的旅游线路。

在文化创意产品开发方面，高校图书馆可以提供创意素材和文化内涵的挖掘。例如，从馆藏的古籍、书画中提取元素，设计开发具有地方文化特色的文创产品，如文具、服饰、工艺品等。同时，高校图书馆可以与文化产业企业建立协同关系，共同推动文化产业的发展和创新。高校图书馆为企业提供专业的文化咨询、人才培训等服务，企业则将市场需求、生产技术等方面的经验反馈给高校图书馆，双方在合作中实现互利共赢。

# 六、案例分析

以"驻徐高校大学生传承普及徐州历史文化活动月"活动品牌为例。

## （一）活动背景与目的

"驻徐高校大学生传承普及徐州历史文化活动月"（以下简称"活动月"）是中共徐州市委宣传部、市社科联、市文旅局、团市委等单位与驻徐高校职业院校联合举办的一项大型文化活动，旨在通过一系列丰富多彩的活动，让大学生更加深入地了解徐州的历史文化，增强文化认同感和文化自信。同时，该活动也致力于推动徐州历史文化的普及与传播，让更多的人了解并热爱这座历史文化名城，提升徐州文化的知名度和影响力。该活动已经连续举办多届，成为徐州市深入推进社会主义核心价值观建设的重要平台和徐州区域文化的重要品牌。

## （二）活动内容

"活动月"活动中，各高校和地方宣传部门协同组织，内容丰富多彩，包括历史文化专家讲座、"双创"论坛、知识竞赛、诵读比赛、征文比赛、非遗传承活动、征文比赛、传统服饰展示比赛、文创设计大赛、抖音大赛等。这些活动不仅注重知识性与趣味性相结合，还注重创新与实践相结合，让大学生在参与中深入了解徐州历史文化。其中，历史文化知识竞赛，通过竞赛的形式，让大学生在紧张刺激的氛围中学习和掌握徐州历史文化知识；诵读比赛，以诵读经典名篇为重点，促进和带动全民经典阅读，提升大学生的文化素养；征文比赛，以征文的形式描写徐州的山水美景、人文情怀等，展现大学生的文学才华和对徐州的热爱；非遗传承活动，邀请徐州地区非物质文化遗产传承人走进校园，讲述历史、展示作品、传承技艺、弘扬文化；文创大赛，鼓励大学生发挥创意，设计具有徐州特色的文化旅游产品或项目，推动徐州文旅产业的发展。

## （三）活动品牌特色

（1）持续性进行：该活动已经连续举办多届，成为徐州市深入推进社会主义核心价值观建设的共同平台和徐州区域文化的重要品牌。

（2）参与性广泛：活动吸引了驻徐多所高校的积极参与，参与人数众多，覆盖面广。

（3）注重创新性：活动注重创新与实践相结合，不断推出新颖有趣的活动形式和内容，吸引大学生的关注和参与。

（4）广泛的影响力：该活动不仅提升了徐州历史文化的知名度和影响力，还促进了大学生之间的文化交流与合作，推动了校园文化的繁荣发展。

### （四）活动成效

（1）促进了文化传承："活动月"有效推动了徐州历史文化的传承和普及，让大学生更加深入地了解了徐州的历史文化渊源和独特魅力。通过活动，大学生们增强了文化认同感和文化自信，成为传承和弘扬徐州历史文化的重要力量（图9-1~图9-6）。

（2）产生了广泛的社会影响："活动月"吸引了众多大学生和社会各界的关注，提升了徐州文化的知名度和影响力。通过媒体宣传和网络传播，"活动月"的成果和亮点得到了广泛传播，为徐州文化建设注入了新的活力，让更多的人了解并热爱这座历史文化名城，为徐州市的文化建设和社会发展作出了积极的贡献。

（3）促进了文化教育："活动月"也是一次生动的家国情怀和爱国主义教育及社会实践活动。通过参与活动，大学生们不仅增长了知识、开阔了视野，还培养了创新精神和实践能力。此外，该活动还促进了大学生之间的文化交流与合作，推动了校园文化的繁荣发展。

第三届驻徐高校大学生徐州历史文化传承普及活动月开幕式在中国矿大举办

**图9-1　第三届驻徐高校大学生传承普及徐州历史文化活动开幕式新闻评价**[①]

---

① 图片来源：中国矿业大学信息公开网. 第三届驻徐高校大学生传承普及徐州历史文化活动月 [EB/OL].（2015-04-21）［2024-09-22］. https://xxgk.cumt.edu.cn/49/2b/c1959a215339/page.htm.

图 9-2　第三届驻徐高校大学生传承普及徐州历史文化活动闭幕式新闻评价 ①

图 9-3　第四届驻徐高校大学生传承普及徐州历史文化活动开幕式新闻评价 ②

---

① 图片来源：中国矿业大学信息公开网. 第三届驻徐高校大学生传承普及徐州历史文化活动闭幕式在中国矿大举办 [EB/OL].（2015-12-28）［2024-09-22］. https://xxgk.cumt.edu.cn/99/89/c1959a301449/page.htm.

② 图片来源：中国网. 第四届驻徐高校大学生传承普及徐州历史文化活动月［EB/OL］.（2016-06-19）［2024-09-22］. https://www.sohu.com/a/84319516_116897.

图 9-4　第五届驻徐高校大学生传承普及徐州历史文化活动开幕式新闻评价 ①

图 9-5　第六届驻徐高校大学生传承普及徐州历史文化活动开幕式新闻评价 ②

图 9-6　第八届驻徐高校大学生传承普及徐州历史文化活动开幕式新闻评价 ③

① 图片来源：中国矿业大学信息公开网．第五届驻徐高校大学生传承普及徐州历史文化活动月［EB/OL］．（2017-07-25）［2024-09-22］．https://baijiahao.baidu.com/s?id=1597598698122060974.
② 图片来源：中国江苏网．第六届驻徐高校大学生传承普及徐州历史文化活动月［EB/OL］．（2018-04-13）［2024-09-22］．https://www.js-skl.org.cn/city_county_window/9867.html.
③ 图片来源：江苏社科．第八届"传承弘扬徐州历史文化 展示新时代大学生风采"暨"两汉文化进校园"活动［EB/OL］．（2020-11-16）［2024-09-22］．https://www.js-skl.org.cn/city_county_window/9867.html.

总之，以"驻徐高校大学生传承普及徐州历史文化活动月"为平台，该活动通过地方政府、高校图书馆和高校之间的协同合作，共同推动了徐州历史文化的传承和普及，为徐州文化建设和社会发展注入了新的活力。

## 七、高校图书馆与参与活动各界协同综合分析

活动过程中，笔者作为高校图书馆活动策划指导专家深度参与其中，为地方政府、高校、社会团体、企业等协同开展文化活动搭建跨界协同组织平台，展现出了高校图书馆与各界协同开展文化活动的可行性和意义。

### （一）与地方政府的协同

（1）政策引领与资源支持：地方政府通过制定相关政策，为活动提供了明确的指导和方向。同时，还协调了图书馆、博物馆等文化机构，为活动提供了丰富的历史文化资源。例如，市文广旅局在活动筹备过程中给予了积极的指导和支持，确保了活动的顺利进行。

（2）活动组织与推广：地方政府与高校图书馆紧密合作，共同策划和组织了活动月的各项活动。通过政府部门的官方渠道和图书馆的宣传平台，活动得到了广泛的宣传和推广，吸引了更多大学生的关注和参与。

### （二）与高校的协同

（1）资源共享与互补：各高校图书馆在活动期间积极向师生开放历史文献、研究资料等资源，为师生提供了丰富的学习和研究素材。同时，各高校图书馆之间也进行了资源共享和互补，共同为活动提供了有力的支持。

（2）活动参与和成果展示：各高校积极组织师生参与活动月的各项活动，展示了高校师生的文化素养和创新能力。通过参与活动，师生们不仅加深了对徐州历史文化的了解，还锻炼了自身的实践能力和团队协作能力。

### （三）与社会团体的协同

（1）合作举办活动：高校图书馆与社会团体合作举办了多项与徐州历史文化相关的活动。例如，与徐州市社科联、徐州市历史学会等社会团体合作举办了专家讲座、学术研讨会等活动，为师生提供了与专家学者交流互动的机会。

（2）文化传承与创新：社会团体带来了丰富的文化传承经验和创新思路，与高校图书馆形成了良好的互补。通过与社会团体的合作，高校图书馆在文化传承和创新方面取得了更加显著的成果。

## （四）与企业的协同

（1）资金与技术支持：企业为活动提供了必要的资金和技术支持。例如，一些企业通过赞助活动经费、提供先进的展示设备等方式，为活动的成功举办提供了有力的保障。

（2）产学研合作：企业与高校图书馆在活动期间进行了产学研合作探索。例如，通过文创大赛等活动，企业可以了解大学生的创新能力和市场需求，为未来的产品开发提供灵感和方向；同时，大学生也可以通过参与企业的实践活动，了解行业动态和市场需求，提升自身的实践能力和创新能力。

综上所述，通过"驻徐高校大学生传承普及徐州历史文化活动月"活动，高校图书馆与地方政府、高校、社会团体、企业等多个方面都能够形成紧密的协同关系，不仅推动了活动的成功举办，促进了高校文化育人和学科发展，也推动了徐州历史文化的传承与创新发展，为地方文化的繁荣和软实力提升作出了积极贡献。同时，这种协同模式也为未来类似的文化活动提供了有益的借鉴和启示。

# 第二节　如何与地方文旅部门协同开展文化活动

## 一、策略建议

文旅部门是负责地方文化旅游事业发展的政府机构，拥有丰富的文化旅游资源、政策支持和市场渠道。与政府的文旅部门协同开展地方文化活动，可以从以下六个方面入手。

### （一）了解文旅部门的主要职能和业务范围

很多人对政府的文旅部门职能并不是很了解。因此，在协同开展文化活动前，需要深入了解文旅部门的职能和业务范围，以便更好地与其合作，共同推动地方文化事业的发展，防止盲目。

### （二）明确协同活动目标和方向

协同开展文化活动的目标是推广和传承地方特色文化，提高公众对地方文化的认知和理解，促进地方文化的创新和发展。因此，需要明确活动的目标和方向，确保活动的内容、形式和效果符合地方文化发展的实际需求。

### （三）制定详细协同计划和方案

（1）深入挖掘地方文化资源：与文旅部门共同深入挖掘地方特色文化资源，包括历史、传统、民俗、艺术等方面，为活动的开展提供丰富的素材和灵感。

（2）共同策划文化活动：根据地方文化资源的特色和市场需求，与文旅部门共同策划具有地方特色的文化活动，如文化节庆、展览、演出等，吸引更多游客和市民参与。

（3）明确分工和职责：在合作过程中，需要明确双方的分工和职责，确保活动的顺利进行。例如，文旅部门可以提供政策支持、资源协调和宣传推广等方面的支持，而合作方则可以负责活动的具体执行和现场管理等工作。

### （四）加强沟通和协调

（1）建立定期沟通机制：与文旅部门建立定期沟通机制，及时交流活动的进展情况、遇到的问题和解决方案等，确保双方的合作顺畅进行。

（2）加强现场协调：在活动现场，需要加强双方的协调和配合，确保活动的顺利进行。例如，共同制定应急预案，应对可能出现的突发情况。

### （五）注重品牌建设和市场推广

（1）打造文化品牌：与文旅部门共同打造具有地方特色的文化品牌，提高地方文化的知名度和影响力。

（2）加强市场推广：利用文旅部门的资源和渠道，加强活动的市场推广和宣传，吸引更多游客和市民参与。例如，通过社交媒体、网站、报纸、电视等多种渠道进行宣传和推广。

### （六）注重可持续发展

在与文旅部门协同开展文化活动的过程中，需要注重可持续发展，避免过度开发和破坏地方文化资源。同时，倡导文明旅游和绿色出行，推动地方文化的绿色发展。

## 二、案例分析

以"圆梦新时代·第九届驻徐高校大学生传承普及徐州历史文化活动"活动为例。由于文旅部门强大的文化旅游管理发展职能，图书馆与文旅部门协同具有不同的重点。下面予以具体分析：

### （一）协同背景

随着文旅融合战略的深入实施，徐州市文旅局等部门积极响应国家号召，致力于与高校建立联动，深入推进地方文化的传承与创新。而高校图书馆作为知识传播和文化传承的重要载体，拥有丰富的文献资源和专业的服务团队，能够为校地联合互动建立链接，成为地方文化传承与创新不可或缺的力量。在此背景下，笔者经过研究，提出组织举办"圆梦新时代"活动的建议，旨在通过跨界协同，使驻徐高校与地方文旅主管部门形成强大的合力，共同推动徐州历史文化的传承、普及与创新发展，促进自身创新发展。

### （二）跨界协同的主体与角色

参与活动的各单位及各自的角色与任务如表9-1所示。

**表9-1　参与活动的各单位及各自的角色与任务**

| 跨界协同的主体 | 角色 |
| --- | --- |
| 徐州市委宣传部 | 作为活动的总指导单位，负责宏观指导和思想政治方向的把握，确保活动符合社会主义核心价值观和文化传承的总体要求 |
| 徐州市广旅局 | 作为活动的主要执行单位之一，负责活动的总策划、总协调以及资金筹备等工作，确保活动的顺利实施 |
| 驻徐高校图书馆 | 作为文化资源的提供者和学术指导者，通过方案策划、组织实施等全过程，保障活动顺利进行 |
| 徐州市文旅集团 | 文创作品转化与利用 |
| 徐州市驻徐高校文化传承发展中心 | 完成政府部门交付的各项协同任务 |
| 其他参与单位 | 包括徐州市教育局、民政局、团市委等，这些单位在各自领域内发挥作用，共同推动活动的顺利进行 |

## （三）跨界协同的策略与实操

（1）资源共享与优势互补

高校图书馆人员积极参与活动的学术支持和研究工作，不仅为活动提供了丰富的历史文献和文化资源，还提供了专业的文献检索、分析和解读服务，为活动的成功策划与实施提供了坚实的理论基础与学术支撑。通过组织研讨会和论坛等活动，促进学术界对徐州历史文化的深入研究和交流。而徐州市委宣传部、文旅局等部门则利用其在地方文化推广和旅游资源开发方面的优势，整合了徐州地区的历史文化景点和旅游资源，为活动提供实践指导、实地考察和政策支持。通过资源共享，活动内容更加丰富多样，吸引了更多大学生的参与。

（2）联合策划与组织实施

在活动策划阶段，各方共同参与讨论，结合各自的专业领域和资源优势，制定了翔实可行的活动方案。在组织实施过程中，各部门分工明确、协作紧密，确保了活动的顺利进行。例如，徐州市委宣传部负责活动的宏观指导和思想政治方向把握，徐州市文旅局负责活动的具体实施和资源整合，而高校图书馆则负责提供学术支持和文献服务。

（3）活动形式与内容的创新

为了吸引更多年轻人的关注和参与，活动形式和内容进行了大胆创新。高校图书馆利用自身的学术资源，策划了系列讲座、研讨会等学术活动；徐州市委宣传部、文旅局等部门则结合地方文化特色，组织了传统文化进校园、文创大赛、抖音大赛、传统服饰大赛等丰富多彩的新颖的活动形式，增强了活动的互动性和趣味性。结合现代科技手段，如虚拟现实技术，重现历史场景，使大学生更加直观地了解徐州的历史文化，提高了活动的吸引力和影响力。

（4）组织架构与责任分工

建立了完善的组织架构，明确了各参与单位的责任和分工，确保了活动的有序进行。通过设立指导委员会、执行委员会和专家评审委员会等机构，加强了活动的领导和管理。

## （四）协同成效

（1）促进了地方文化的传承、普及与创新

通过跨界协同合作，"圆梦新时代"活动成功传承和普及了徐州丰富的历史文化资源，增强了大学生对家乡文化的认同感和自豪感。通过活动的举办，徐州的历史文化得到了更广泛的传播和推广，促进了徐州历史文化与现代科技相结合，创新了文化传承的方式方法。活动不仅让大学生们深入了解了徐州的历史文化，也激发了他们对地方文化的兴趣和热爱，为地方文化的传承与创新注入了新的活力（图9-7）。

（2）促进校地合作与共赢

活动加强了高校图书馆与地方政府部门之间的合作与交流，为未来的合作奠定了坚实的基础。通过跨界协同，实现了资源共享和优势互补，推动了双方工作的共同发展和进步。一是提升了高校的社会影响力。高校图书馆通过参与此次活动，不仅展示了自身的学术实力和服务能力，也提高了高校的社会影响力。活动的成功举办，让更多人了解并认可了高校在文化传承与创新方面的重要作用，为高校与地方政府部门的进一步合作奠定了坚实基础。二是推动了地方文旅融合发展。此次活动的成功举办，也推动了徐州市文旅融合的发展。通过跨界协同合作，各方共同探索了文旅融合的新路径和新模式，为徐州市的文化旅游产业发展注入了新的动力。

（3）带来显著社会影响与示范效应

活动得到了社会各界的广泛关注和好评，提升了徐州市的文化软实力和城市形象。作为文旅融合和校地合作的典范案例，活动为其他地区提供了有益的借鉴和参考。

总之，高校图书馆与地方文旅政府部门协同开展文化活动是一个全方位的协同体系，需要深入了解文旅部门的职能和业务范围、明确协同开展文化活动的目标和方向、制定详细的合作计划和方案、加强沟通和协调、注重品牌建设和市场推广以及注重可持续发展等方面的工作，从主题和形式选择、宣传推广、文化交流与合作、阅读推广和文化普及合作建设文化设施以及促进文化产业的发展等多方面进行，从而更好地实现协同目标。

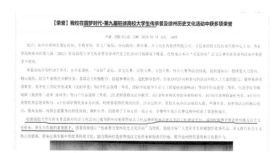

图 9-7　圆梦时代·第九届驻徐高校大学生传承普及徐州历史文化活动报道及新闻评价①

---

① 图片来源：徐州工业职业技术学院.我校在圆梦时代·第九届驻徐高校大学生传承普及徐州历史文化活动中获多项荣誉［EB/OL］.（2023-02-14）［2024-09-22］. https://www.xzcit.edu.cn/_t89/2023/0214/c427a50074/page.htm.

# 第三节　如何与企业协同开展文化活动

## 一、策略建议

高校图书馆与企业协同开展地方文化活动，能够提升企业品牌内涵，提升地方文化的知名度和影响力，促进图书馆资源的多元化利用和社会影响力等。以下是笔者根据参与的协同合作项目实践中概括之后形成的一些策略建议。

### （一）明确协同目标

首先，高校图书馆与企业应明确协同开展地方文化活动的目标，如提升地方文化的认知度、提升企业品牌文化内涵和影响力、促进地方经济的发展等。这些目标应具体化、可衡量，并符合双方的共同利益。

### （二）资源整合与共享

（1）双方资源优势整合：高校图书馆拥有丰富的历史和地方文化等文献信息知识资源，可以为企业提供研究、策划和宣传等方面的支持。企业则拥有市场运营、资金、技术等方面的资源优势，可以为图书馆提供资金赞助、技术支持和宣传推广等。

（2）共享平台：双方可以共同搭建一个资源共享平台，实现文献资源、市场信息、技术成果等的共享与交流。

### （三）活动策划与执行

（1）主题设定：根据地方文化的特点和企业的需求，共同设定活动的主题，如地方文化节、文化展览、文化讲座等。

（2）活动形式：结合线上线下多种形式，如线上直播、线下展览、互动体验等，吸引更多人的参与。

（3）宣传推广：利用企业的市场渠道和图书馆的学术影响力，共同进行活动的宣传推广，提高活动的知名度和影响力。

### （四）人才培养与交流

（1）培训与合作：双方可以共同开展人才培养和交流活动，如举办文化讲座、工作坊等，提升双方员工的专业素养和文化素养。

（2）实习与就业：图书馆可以为企业提供实习机会，企业也可以为图书馆员工提供职业发展路径和就业机会，促进人才的双向流动。

### （五）激发企业的兴趣和积极性

让企业参与到地方文化活动的开展中来，需要采取一系列策略和方法，激发企业的兴趣和积极性，确保活动的质量和效果。具体建议如下：

（1）明确企业参与的价值

① 履行社会责任：强调企业参与地方文化活动是其履行社会责任、回馈社区的重要方式。

② 提升品牌形象：通过参与文化活动，企业可以展示其文化价值观，提升品牌形象和知名度。

③ 市场拓展：地方文化活动往往能吸引大量观众和游客，为企业提供市场拓展和品牌推广的机会。

### （六）设计吸引企业的活动形式

（1）文化展览：结合企业产品或品牌特点，举办相关主题的文化展览，展示企业文化和创新能力。

（2）互动体验：设计互动性强的文化活动，如文化工作坊、体验活动等，让企业有机会与消费者直接互动。

（3）公益活动：鼓励企业参与文化公益活动，如资助文化教育事业、保护文化遗产等，提升企业的社会形象。

### （七）提供支持和激励措施

（1）政策优惠：争取政府部门的政策支持，为企业提供税收减免、资金补贴等优惠政策。

（2）媒体宣传：利用媒体资源对参与企业进行宣传报道，提升其知名度和美誉度。

（3）荣誉表彰：对积极参与文化活动并做出突出贡献的企业给予荣誉表彰，如颁发奖项、颁发证书等。

### （八）建立长效机制

（1）定期沟通：与企业保持定期沟通，定期举办经验分享会或研讨会，邀请企业分享参与文化活动的经验和成果，促进双方共同成长。同时，了解其需求和反馈，共同优化合作方案，定期对双方协同开展的文化活动进行评估，总结经验教训，不断优化合作模式和活动方案。

（2）持续合作：在评估的基础上，双方可以探讨更多的合作机会和领域，如共同开发文化产品、共建文化基地等，形成长期稳定的合作关系。

## 二、案例分析

以"圆梦新时代·第九届驻徐高校大学生传承普及徐州历史文化活动"中与徐州市文旅集团协同开展文创大赛、抖音大赛等跨界协同项目为例。下面对该案例进行具体分析：

### （一）文创大赛的协同合作

（1）确定大赛主题：围绕徐州历史文化，确定文创大赛的主题，如"徐州历史文化与现代创意的融合"。

（2）资源整合与共享策略：高校图书馆提供丰富的历史文献资源和专业指导，文旅集团提供市场信息和设计灵感。双方共同搭建文创大赛的平台，邀请设计师、艺术家和大学生参与。

（3）作品征集与评选方法：通过线上线下渠道广泛征集参赛作品，确保作品的多样性和创新性。邀请专家、学者和行业代表组成评审团，对参赛作品进行公正、公平的评选。

### （二）抖音大赛的跨界协同

（1）创意策划：结合徐州历史文化的特点，策划具有创意和吸引力的抖音大赛主题。

（2）平台搭建与推广：高校图书馆与文旅集团共同搭建抖音大赛的官方平台，进行广泛宣传和推广。邀请知名网红、KOL（Key Opinion Leader，关键意见领袖）等参与大赛，提高大赛的知名度和影响力。

（3）作品创作与提交：鼓励大学生和市民围绕徐州历史文化创作抖音作品，展现徐州的历史风貌和文化底蕴。设定作品提交的时间和格式要求，确保大赛的顺利进行。

（4）评选与奖励：根据作品的创意、内容、传播效果等进行评选，选出优秀作品。对获奖者进行表彰和奖励，如奖金、证书、实习机会等。

### （三）跨界协同的保障措施

（1）政策支持与资金保障：政府部门的政策支持和资金投入，为跨界协同项目提供有力保障。

（2）团队建设与人才培养：加强高校图书馆与文旅集团的人才队伍建设，培养具有跨界思维和创新能力的人才。

（3）沟通与合作机制：建立高效的沟通与合作机制，确保双方在项目策划、执行和评估过程中的紧密配合。

文创大赛、抖音大赛等跨界协同项目的实施，使高校图书馆与文旅集团提升了各自的形象与知名度，推动了徐州历史文化的传承与普及，以及徐州的文化软实力和旅游吸引力。

### （四）成果展示与转化利用

在高校图书馆或文旅集团的相关场所举办文创大赛成果展，展示优秀作品。

推动获奖作品的商业化转化，如将获奖作品转化为产品投入市场或开发成旅游纪念品、文化衍生品等。

总之，高校图书馆与企业协同开展地方文化活动是一种有效的文化传承与推广方式。通过明确协同目标、资源整合与共享、活动策划与执行、人才培养与交流以及建立长效机制等措施的实施，可以共同推动地方文化的繁荣发展。通过明确其价值、提供参与途径和平台、设计吸引企业的活动形式、提供支持和激励措施、建立长期合作关系等措施的实施，激发企业的参与热情，让企业参与到地方文化活动的开展中来，促进各自发展和地方文化的繁荣。

# 第四节　如何与社区协同开展地方文化活动

## 一、如何与社区协同开展地方文化活动

与社区协同开展地方文化活动是一个包括多方面合作与规划的过程，既要注重提高质量和水平，也要注重提高居民的参与度。

### （一）深入了解居民需求

通过问卷调查、座谈会、居民意见箱等多种方式，深入了解居民对文化活动的需求和兴趣。在此基础上，结合社区的特色和资源，定位活动的方向和主题，确保活动能够贴近居民生活，满足他们的实际需求。

### （二）优化活动形式与内容

设计具有互动性和参与性的活动，如亲子游戏、烹饪比赛、才艺展示、户外徒步、团队竞赛等，让居民在活动中找到归属感和成就感。结合时代潮流和居民需求，创新活动形式和内容，注重利用互联网和新媒体技术，如线上直播、社交媒体互动、虚拟现实体验等，拓宽活动参与渠道，吸引更多年轻人参与。此外，也要注重打造具有持续性和系列化的文化活动，如每月一次的读书会、每季度一次的文艺演出等，形成稳定的参与习惯，创新活动形式与内容。

### （三）加强活动宣传与动员

充分利用社区公告栏、微信公众号、社交媒体等进行多渠道宣传，及时发布活动信息，提高活动的知晓率。注重鼓励居民通过口口相传的方式，向家人、朋友推荐文化活动，扩大活动的影响力。

### （四）注重活动质量与反馈

在活动筹备阶段，充分考虑场地、设备、人员等方面的需求，做好充分的准备工

作。在活动执行阶段，密切关注居民的反映和需求，及时调整活动内容和方式。活动结束后，及时收集居民的反馈意见，进行活动效果的评估和总结，为今后的活动提供参考。

### （五）强化团队协作与资源整合

加强社区工作者之间的沟通和协作，形成合力，共同推动文化活动的顺利开展。充分利用社区内外的各种资源，如场地、设备、人才等，实现资源的优化配置和共享利用。

### （六）建立长效机制与品牌效应

建立文化活动的长效机制，确保活动的持续性和稳定性，让居民能够长期受益。注重品牌效应，通过持续的文化活动，打造具有社区特色的文化品牌，提升社区的知名度和影响力。

## 二、吸引居民参与的积极性

### （一）提供奖励与激励

对在活动中表现突出的居民进行表彰和奖励，如颁发证书、奖杯等，可以提升居民的荣誉感和归属感。

### （二）提供积分

为参与活动的居民提供适当的积分，积分可用于兑换小礼品或优惠券等，可以增加居民的参与动力。

### （三）组建志愿者团队

通过志愿者团队负责活动的筹备、执行和宣传等工作，加强社区组织与合作；或与周边学校、企业、文化机构等建立合作与联动关系，共同举办文化活动，也是扩大活动的影响力和参与度的有效方法。

### （四）关注特殊群体

关怀老年人，针对老年人群体，设计适合他们的文化活动，如健康讲座、书法绘画班等，提高老年人的生活质量和幸福感。或者为青少年提供才艺展示、科普教育等活动，培养他们的兴趣爱好和综合素质。

### （五）持续改进与反馈

在活动结束后，要及时收集居民的反馈意见，进行活动效果的评估和总结，为今后的活动提供参考。并根据评估结果，不断优化活动方案和服务流程，提高活动的质量和居民的满意度。

总之，与社区协同开展地方文化活动需要深入了解居民需求、创新活动形式与内容、加强活动宣传与动员、注重活动质量与反馈、强化团队协作与资源整合以及建立长效机制与品牌效应等，只有这样，才能确保文化活动的顺利开展和居民的积极参与，为社区的文化建设和发展做出贡献。

## 三、社区活动的内容

社区文化活动是社区居民生活的重要组成部分，旨在丰富居民的精神文化生活，促进社区居民的交流互动，增强社区凝聚力和归属感，其内容涵盖了多个领域和主题。表9-2列出了一些常见的社区文化活动类型及其实例。

表9-2　常见的社区文化活动类型及其实例

| 类型 | 具体活动形式 | 内容与实例 | 目的 |
|---|---|---|---|
| 环境文化活动 | 植树护绿活动 | 居民共同参与绿化养护，如植树、修剪花草等，强化环保理念 | 这类活动主要关注社区环境的改善和维护，通过居民的共同参与，提升社区的整体美观度和宜居性 |
| | 环境整治活动 | 如集中清理架空层外堆放的杂物等，改善社区居住环境 | |
| 艺术文化活动 | 书画创作与展览 | 邀请书画家或居民创作书画作品，并在社区内展示 | 这类活动旨在提升居民的艺术修养和审美能力，通过创作和欣赏艺术作品，丰富居民的精神世界 |
| | 手工艺制作活动 | 如花卉布艺制作、唐灯制作、手工皮具体验等，培养居民的手工艺技能 | |
| | 音乐与舞蹈表演 | 组织居民参与音乐、舞蹈等艺术表演，展示才艺 | |

（续表）

| 类型 | 具体活动形式 | 内容与实例 | 目的 |
|---|---|---|---|
| 体育健身活动 | 社区运动会 | 举办各类体育比赛，如篮球赛、足球友谊赛等，增强团队精神 | 这类活动旨在增强居民的身体素质，促进健康生活方式 |
| | 健身活动 | 如组织老年人练气功、打太极拳、舞剑、跳健身舞等，适合不同年龄段的居民参与 | |
| 知识讲座与培训活动 | 健康知识讲座 | 邀请专家讲解健康饮食、疾病预防等知识 | 这类活动旨在提升居民的知识水平和技能，紧跟社会和时代发展的步伐 |
| | 技能培训课程 | 如烹饪课程、插花课程等，提升居民的生活技能 | |
| 节日庆祝活动 | 元宵节活动 | 如包汤圆、比厨艺、闹元宵等，增进邻里关系 | 这类活动旨在庆祝传统节日或特殊纪念日，营造浓厚的节日氛围 |
| | 其他节日活动 | 如中秋节赏月、重阳节敬老等，传承和弘扬传统文化 | |
| 亲子与家庭活动 | 亲子游戏 | 如亲子绘画、亲子手工等，培养亲子间的默契和协作能力 | 这类活动旨在加强家庭成员之间的互动和沟通，增进亲子关系 |
| | 家庭教育讲座 | 邀请专家讲解育儿知识和方法，提升家长的教育水平 | |
| 其他特色活动 | 志愿服务活动 | 如社区清洁、助老助残等，培养居民的志愿服务精神 | 这类活动旨在传递爱心与服务精神，鼓励人们积极参与社会公益活动 |
| | 文化交流活动 | 如邀请其他社区的居民进行文化交流，增进相互了解 | |

　　这些活动不仅丰富了社区居民的文化生活，还促进了居民之间的交流与互动，增强了社区的凝聚力和归属感。社区应根据自身的实际情况和居民的需求，灵活选择和组合这些活动类型，以打造多元化、丰富多样的文化活动。

# 四、案例分析

　　徐州开放大学成立"我就爱这彭城范儿"项目组，与社区协同开展徐州历史文化活动，通过共同策划与组织实施工作坊、讲座、共建教育基地、组织志愿服务等推动校地协同发展。他们依托本校图书馆资源，深入挖掘、整理和传承徐州历史文化，为社区居民提供更多的学习和交流机会，共同推动徐州文化创新发展。以养老和扶贫两类志愿活动为例：他们设计"夕阳如画"助老项目，以关爱独居空巢老人为主线，通过为空巢老人拍摄照片、整理回忆录等方式，提倡关爱空巢老人心理健康，呼吁社会关注空巢老人这一特殊群体。志愿者们还定期为老年人提供陪伴服务、清洁服务、圆梦旅游服务等，满足他们的精神需求和生活需求。在扶贫志愿活动中，团队积极响应国家精准扶贫政策，制定和实施精准扶贫，学校通过提供资金、项目、技术、人才等多方面的支持，帮助帮扶农村提高村民文化素养、发展特色文化产业。他们开展"寻光者——农村事实无人抚养儿童思想引领计划"项目，关注农村事实无人抚养儿童的成长环境，通过捐建梦想小屋、生活学习用品等方式，为他们提供关爱和帮助，并通过心理辅导、思想教育等方式，引导孩子们树立正确的价值观和人生观。

# 第五节　如何发挥地方志文献的价值助力 地方文化传承

地方志是高校图书馆重要的文献资源之一，挖掘和利用地方志的价值在助力地方文化传承和发展方面具有重要的优势。

## 一、加强地方志文献的搜集与整理

### （一）明确搜集目标

高校图书馆应设立专题，明确地方志文献的搜集目标，包括特定地区、特定历史时期的地方志，以及涉及地方文化、历史、地理、风土人情等方面的文献。

### （二）拓宽搜集渠道

与当地档案馆、文化馆、博物馆等合作，通过捐赠、购买、交换等方式，拓宽地方志文献的搜集渠道。同时，利用数字化技术，从网络上搜集相关资源。

### （三）系统整理与编目

对搜集到的地方志文献进行系统整理，包括去重、分类、编目等工作，确保文献的准确性和完整性。同时，建立地方志文献数据库，方便师生检索和利用。

## 二、挖掘地方志文献的价值

### （一）学术研究价值

地方志文献记录了当地的历史、地理、文化等方面的信息，为学术研究提供了丰富的素材。高校图书馆应鼓励和支持学者利用地方志文献进行学术研究，推动地方文化研究的深入发展。

### （二）社会服务价值

地方志文献具有社会服务价值，可以为地方文化传承、旅游发展、城市规划等提供历史依据和参考。高校图书馆可以通过举办讲座、展览等活动，向公众展示地方志文献的价值和魅力，提高公众对地方文化的认识和认同感。

### （三）教育价值

地方志文献是了解地方历史和文化的重要窗口，对于培养学生的地方文化意识和爱国情怀具有重要意义。高校图书馆可以将地方志文献纳入教学内容，通过课堂教学、实践教学等方式，让学生深入了解地方历史和文化。

## 三、推动地方志文献的利用与开发

### （一）数字化建设

利用数字化技术对地方志文献进行数字化处理，建立数字地方志文献库，提供在线阅读、查询和下载服务。这不仅可以方便师生利用地方志文献，还可以扩大地方文化的传播范围。

### （二）编纂出版

对地方志文献进行编纂出版，将有价值的内容以书籍的形式呈现给公众。这不仅可以保护地方文化遗产，还可以让更多的人了解和传承地方文化。

### （三）多元化知识服务

以地方志文献资源为依托，对用户类型及用户需求进行分析，开展以用户需求驱动的多元化、个性化知识服务来支持高校教学和学术研究。例如，为师生提供地方志文献的咨询、检索、复制等服务，以及根据用户需求定制专题研究报告等。

## 四、加强人才培养与队伍建设

### （一）专业培训

加强对地方志文献工作人员的专业培训，提高其专业素养和服务能力。培训内容可以包括地方志文献的搜集、整理、编目、数字化等方面的知识和技能。

### （二）引进人才

积极引进具有地方文化研究背景和专业素养的人才，充实图书馆地方志文献工作队伍。同时，鼓励和支持图书馆工作人员参与地方文化研究项目和学术交流活动，提高其学术水平和业务能力。

### （三）建立激励机制

建立合理的激励机制，对在地方志文献工作中表现突出的工作人员给予表彰和奖励，激发其工作积极性和创造力。

总之，高校图书馆在挖掘和利用地方志文献的价值以助力地方文化传承和发展方面具有广阔的空间和潜力。通过加强搜集与整理、深入挖掘价值、推动利用与开发以及加强人才培养与队伍建设等措施的实施，可以充分发挥地方志文献在地方文化传承和发展中的重要作用。

## 五、案例分析

以"学党史　读方志　爱徐州"史志文化教育宣传主题系列活动为例。为深入贯彻落实《党史学习教育工作条例》《地方志工作条例》和《中华人民共和国爱国主义教育法》，徐州市史志办公室联合市教育局、市社科联、团市委及驻徐各高校、高职院校等单位，共同举办了"学党史　读方志　爱徐州"史志文化教育宣传主题系列活动。活动旨在进一步加强史志文化宣传教育，推进史志"七进"活动向纵深开展，让广大师生深入了解徐州的历史文化，坚定文化自信，厚植家国情怀，增强担当意识。

活动自 2024 年 6 月启动，至 11 月底结束，历时半年。活动内容丰富多样，包括启动仪式、微课大赛、知识竞赛、名家讲坛和闭幕式等多个环节。开幕式活动中省市领导出席并分别致辞、讲话，各校领导亲自参加，还展陈了《党史学习教育工作条例》，并观看了徐州工程学院自编自演的红色主题剧《苍茫大地》。

# 六、地方志文献利用分析

## （一）丰富教育资源

在此次系列活动中，地方志文献作为重要的教育资源通过名家讲坛、专题讲座等形式被充分利用。地方志专家深入解读徐州地域优秀历史文化，为师生提供了徐州历史文化知识。地方志文献中的历史事件、人物传记、风土人情等内容，作为微课大赛、知识竞赛等环节的重要素材，激发了学生的学习兴趣和参与度。

## （二）促进学术研究

活动的开展鼓励和支持学者利用地方志文献进行学术研究。通过深入研究，学者们能够产出更多有价值的研究成果，为地方文化的传承和发展贡献力量。还能够促进跨学科的研究合作，如历史、地理、文化、社会等学科的交叉融合，为学术研究带来了新的视角和方法。

## （三）服务地方发展

通过此次活动，徐州市史志办等部门成功地将地方志文献与地方文化传承、旅游发展、城市规划等相结合，为地方经济社会发展提供了有力支持。例如，通过展示徐州地域优秀历史文化，吸引了更多游客前来观光旅游；同时，地方志文献中的历史资料也为城市规划提供了重要参考。

## （四）推动数字化建设

在此次活动中，地方志文献的数字化建设能够得到进一步推动。建立数字地方志文献库，能够提供在线阅读、查询和下载服务，方便广大师生的利用和传播，也为地方文化的传承和发展提供了新的平台和渠道。

总之，"学党史 读方志 爱徐州"史志文化教育宣传主题系列活动的成功举办，不仅丰富了广大师生的精神文化生活，也推动了地方志文献的充分利用和传承发展（图9-8）。通过此次活动，地方志文献与地方文化传承、学术研究、服务地方发展等方面相结合，为地方文化的繁荣和发展注入了新的活力。

图 9-8　"学党史 读方志 爱徐州"史志文化主题宣传教育系列活动开幕式及活动评价 ①

① 图片来源：徐州工程学院网."学党史 读方志 爱徐州"史志文化主题宣传教育系列活动开幕式在我校举行［EB/OL］.（2023-02-14）［2024-09-22］. https://tw.xzit.edu.cn/db/34/c6114a187188/page.htm.

第十章

高校图书馆地方文化传承跨界协同未来能力建设

未来能力是指高校图书馆面向未来的可持续性的跨界协同能力。高校图书馆与各界开展协同发展已经越来越成为一种不可阻挡的趋势，为此，图书馆需要不断提升自身的能力，以更大优势保持自身的跨界协同整合能力，并争取更多机会参与各界文化传承的跨界协同。

# 第一节　地方历史文化资源的数字化建设与文化资源共享

地方历史文化资源的数字化建设与文化资源共享，不仅是对地方传统文化的传承与弘扬，更是不断适应现代社会发展需求，助力地方文化影响力提升的关键。

## 一、数字化建设

### （一）建立地方文化数据库

地方历史文化资源如同一座丰富的宝藏，涵盖了文献、图片、音频、视频等多种形式。文献资料包括古老的县志、家族族谱、文人墨客的手稿等，记录着地方的发展脉络、重大事件以及人们的生活习俗等；图片则像一个个凝固的历史瞬间，古老建筑的风貌、民间艺人的精湛手艺，每一张都蕴含着丰富的文化信息；音频包括地方戏曲、民谣或者是老一辈人讲述的历史故事，独特的乡音传递着地方特有的情感与记忆；视频则更具动态性，如传统节日的庆祝活动、传统手工艺的制作过程等。

图书馆可以利用扫描技术等数字化技术，将纸质的文献资料转化为电子文档，让每一页古老的文字都能以数字的形式长久保存；通过摄影技术把珍贵的历史文物、建筑风貌等拍摄下来，捕捉好每一个细节；利用录音设备录制那些即将消逝的地方声音，留存独特的听觉记忆；利用录像则可以完整地记录下各类文化活动的全貌。通过将采集到的资源进行数字化处理，对资源进行分类，比如按照历史时期、文化类型、资源形式等，建立统一的数据库。在数据库中，要确保每一个资源的相关信息准确无误，将其妥善存储，以便后续的查询和使用。

## （二）构建数字化平台

设计并开发一个用户友好的数字化平台是至关重要的。这个平台就像是一座连接地方历史文化与大众的桥梁。它的界面设计要简洁明了，操作要方便快捷，无论是对文化学者还是普通民众都具有吸引力。它的主要功能是用于展示和传播地方历史文化资源。平台应具备强大的搜索功能，用户可以根据关键词、时间、类型等快速定位到自己想要的资源；浏览功能则能让用户如同漫步在文化的长廊中，一页一页地领略地方文化的魅力；下载功能方便用户将感兴趣的资源保存下来，进行离线学习或研究。

为了增强用户的体验感，可以利用虚拟现实（VR）、增强现实（AR）等先进技术。例如，通过 VR 技术，用户仿佛能够置身于远古的历史场景之中，亲身感受传统节日的热闹氛围，或者走进古老的建筑内部，近距离观察建筑的结构和装饰细节；而 AR 技术则可以让用户在观看文物图片时，通过手机等设备扫描，获取更多关于文物背后的故事、制作工艺等详细信息，提供沉浸式体验，极大地增强用户的参与感和互动性。

## （三）确保数据安全与隐私保护

在数字化建设过程中，数据安全与隐私保护不容忽视。采用先进的数据加密和存储技术是保障数字化资源安全性和完整性的关键。数据加密就像是给数字化资源穿上一层坚固的铠甲，可以防止数据被恶意篡改或者窃取。例如，使用复杂的加密算法对存储在数据库中的数据进行加密处理，只有通过特定的解密程序才能获取原始数据。同时，存储技术也要不断升级，确保数据在存储过程中的稳定性和可靠性。

另外，要建立完善的隐私保护机制。在用户使用平台的过程中，会涉及用户的个人信息，如注册信息、浏览记录等。保护这些用户的个人信息和隐私是我们的责任。要通过严格的技术手段和管理制度，防止用户信息泄露，例如，对用户信息进行匿名化处理，限制内部人员对用户信息的访问权限等。

# 二、文化资源共享

## （一）建立共享机制

制定文化资源共享的政策和法规是实现文化资源共享的基础。通过政策和法规，可以明确共享的范围，确定哪些文化资源可以共享，哪些涉及特殊保护不能共享；可以明确共享的方式，是完全免费开放，还是部分文化资源需要特定的授权或者付费；可以明确共享的责任，包括文化资源提供方、平台运营方以及使用方各自的责任等。

为此，建立共享平台，如在线图书馆、数字博物馆等，是实现文化资源集中展示和共享的重要途径。在线图书馆可以将地方的各类文献资料集中起来，方便用户借阅和阅读；数字博物馆则能通过网络展示地方的历史文物，让更多的人能够欣赏到珍贵的文化瑰宝。此外，馆际互借、联合目录等共享模式也非常重要。馆际互借可以让不同图书馆之间的资源实现互通有无，扩大用户获取资源的范围；联合目录则能将分散在各个文化机构的资源信息整合起来，方便用户查询，从而促进资源的有效利用。

## （二）加强合作与交流

加强与地方政府、文化机构、高校等的合作与交流是推动地方历史文化资源数字化建设和共享的重要力量。地方政府在政策支持、资金投入等方面具有重要的影响力和话语权，它们可以通过制定优惠政策、提供专项资金等方式，鼓励和支持数字化建设和共享项目的开展；文化机构则是文化资源的主要拥有者和守护者，它们可以提供丰富的文化资源，并且在资源的整理、保护等方面具有专业的知识和经验；高校则拥有众多的学术资源和人才优势，高校的学者可以对地方历史文化资源进行深入的研究，高校的学生也可以参与到数字化建设的项目中来，提供创新的思路和技术支持。

通过举办展览、讲座、研讨会等活动，可以促进资源的传播和交流。展览可以将地方历史文化资源以直观的形式展示给大众，吸引更多人的关注；讲座则能邀请专家学者对地方文化进行深入解读，让大众更好地理解其文化内涵；研讨会则为各方人士提供了一个交流的平台，大家可以分享经验、探讨问题，共同推动地方历史文化资源的发展。

此外，利用互联网和社交媒体等渠道，扩大资源的共享范围和影响力。在互联网上，可以通过建立官方网站、文化资源共享平台等方式，将地方历史文化资源推向更广泛的受众；社交媒体平台则可以通过发布有趣的文化内容、互动话题等，吸引更多的用户关注地方文化，让更多的人参与到文化资源的共享中来。

### （三）推动创新与发展

鼓励和支持创新性的数字化建设项目和共享模式是地方历史文化资源可持续发展的动力源泉。

在数字化建设方面，高校图书馆要不断探索新的采集技术、存储方式以及展示手段等。例如，利用无人机进行古建筑的拍摄，获取独特的视角；尝试新的存储云技术，提高数据存储的效率和安全性；利用互动式多媒体展示地方文化，增强用户体验；利用大数据、人工智能等先进技术，对数字化资源进行深入挖掘和分析，为用户提供更加个性化的服务；还可以利用大数据分析用户的浏览习惯、兴趣偏好等，从而为用户推荐他们可能感兴趣的地方历史文化资源；人工智能则可以对文化资源进行智能分类、语义分析等，提高资源管理的效率。

将数字化资源和共享平台与文化产业相结合，可以推动文化产业的发展，创造更多的经济价值和社会效益。例如，可以将地方特色文化元素融入文创产品的设计中，利用数字化平台进行推广和销售；可以开发基于地方历史文化的游戏、影视等文化产品，通过共享平台扩大受众范围，既传承和弘扬了地方文化，又能带动地方经济的发展。

# 第二节　如何在数字化平台上展示和传播地方历史文化资源

随着互联网技术的普及，数字化平台使地方历史文化资源的保护、展示以及传播成为可能。具体步骤如下。

## 一、数字化采集与整理

### （一）全面进行资源普查

地方历史文化资源非常丰富，取之不尽用之不竭。除了文献资料、图片、音频、录音、视频、影像等，古老的文物、传统手工艺品等实物也不能忽视。对这些地方历史文化资源进行全面普查是一项系统而复杂的工程，需要深入到地方的各个角落，从图书馆、博物馆到民间收藏家的住所，从古老的村落建筑到城市中的历史遗迹，进行全面普查，确定这些资源的价值、特点、分布等情况，就像是给每一件宝藏贴上独特的标签，为后续的数字化处理提供准确的依据。

### （二）规范数字化采集

在进行数字化采集时，除了需要借助摄影、录音、录像等现代高科技手段进行采集，还必须确保采集过程规范，操作人员要经过专业培训，严格按照操作规程进行，避免因为不当操作对这些珍贵的资源造成损害，因为每一个资源都是不可复制的地方历史文化的结晶。

### （三）资源整理与分类

对于采集到的资源，需要进行精心挑选和整理，去除那些冗余、没有价值或者重复的部分，保留最精华、最具代表性的内容。同时，根据资源特点和展示需求，进行细致的分类和编码。可以按照资源的类型，如历史文献类、民俗文化类、传统手工艺类等进行分类，再为每一个具体的资源赋予独特的编码，就像为每一颗珍珠找到它专属的存放位置，便于后续的管理和使用。

## 二、数字化平台构建

### （一）平台架构设计

设计一个符合用户需求的平台架构是数字化平台构建的基础。这个平台架构包括前端界面、后端数据库、服务器等重要组成部分。其中，前端界面是用户直接接触的部分，要设计得简洁直观、易于操作和引人注目。后端数据库用于存储海量的地方历史文化资源数据，需要具备强大的数据存储和管理能力。服务器则是整个平台的动力核心，要确保其具备高可用性，能够在任何时候稳定运行，为用户提供不间断的服务；同时还要具备可扩展性，随着资源的不断增加和用户数量的增长，能够轻松地进行升级和扩展；安全性也是至关重要的，要防止数据泄露、恶意攻击等情况的发生，保护地方历史文化资源的安全。

### （二）功能模块开发

开发各种功能模块是为了满足用户多样化的需求。资源展示功能模块可以将地方历史文化资源以丰富多彩的形式展现出来，让用户能够直观地欣赏到这些文化瑰宝；搜索功能模块则为用户提供了便捷的查找方式，使用户可以快速找到自己感兴趣的资源；下载功能模块方便用户将自己喜爱的资源保存下来，以便在没有网络的情况下也能随时查看。此外，引入虚拟现实（VR）、增强现实（AR）等先进技术，能够为用户提供沉浸式体验。比如，用户可以通过 VR 技术使自身仿佛置身于古老的历史场景中，亲身体验传统节日的热闹氛围；通过 AR 技术在观看文物时，能够看到虚拟的文物解说和历史背景介绍，仿佛这些文物活了过来。

### （四）用户界面设计

用户界面的设计直接影响用户体验。一个简洁、美观的用户界面就像一个热情好客的向导，能够吸引用户并引导他们轻松地探索地方历史文化资源。界面的布局要合理，色彩搭配要协调，避免过于复杂和花哨的设计，以免让用户产生视觉疲劳。同时，还要提供多种导航方式，如菜单导航、搜索框导航、分类导航等，就像专门设置的多个指示牌，方便用户快速找到所需资源。

# 三、资源展示与传播

## （一）资源展示

每一张图片都是一扇通往历史的窗户，展示着地方独特的风土人情；每一段视频都是一部生动的历史纪录片，记录着当地的传统习俗和文化传承；每一段音频都是一首古老的歌谣，诉说着地方的历史故事。利用数字化平台这个广阔的平台，以图片、视频、音频等多种形式展示地方历史文化资源，并提供详细的资源描述和背景信息，就像是给每一个展示的资源配上一位知识渊博的讲解员。这些描述和背景信息可以包括资源的历史年代、文化内涵、制作工艺等，帮助用户更好地理解和欣赏资源，让用户在欣赏的同时也能学到丰富的地方历史文化知识。

## （二）互动体验

引入互动元素能够极大地增强用户的参与感和互动性。例如在线问答，用户可以就自己对地方历史文化资源的疑问进行提问，由专业人士或者其他熟悉的用户进行解答，形成一个知识共享的社区；虚拟导览则可以让用户按照自己的兴趣和节奏，在数字世界里游览地方的历史文化景点，仿佛拥有了一位专属的导游。举办线上展览、讲座等活动，就像在数字空间里搭建起一个个文化交流的广场。线上展览可以集中展示某一主题的地方历史文化资源，让用户在虚拟的展厅里尽情欣赏；线上讲座则可以邀请专家学者深入解读地方历史文化的内涵，促进资源的传播和交流。

## （三）社交媒体推广

在当今社交媒体盛行的时代，利用社交媒体平台进行推广是扩大地方历史文化资源影响力的有效途径。微博、微信、抖音等社交媒体平台拥有庞大的用户群体，就像一个个巨大的信息传播网络。在这些平台上发布资源信息和活动预告，能够迅速吸引大量用户的关注。与网红、KOL（Key Opinion Leader，关键意见领袖）等合作更是如虎添翼，网红和KOL们在各自的领域拥有众多的粉丝，他们的推荐和分享能够将地方历史文化资源的信息传播到更广泛的受众群体中，扩大资源传播范围和影响力。

## （四）跨平台合作

与其他数字化平台、文化机构等进行合作是实现资源共享和互利共赢的重要策略。

不同的数字化平台可能拥有不同的用户群体和资源优势，通过合作可以实现资源的互补，让更多的人能够接触到地方历史文化资源。与文化机构的合作则可以借助它们的专业力量和资源储备，共同推动地方历史文化资源的展示和传播。此外，积极参与国际文化交流活动，将地方历史文化资源推向世界舞台。例如，参加国际文化展览、文化交流节等活动，让世界各国人民都能了解和欣赏到地方独特的历史文化魅力，推动地方历史文化资源走向世界。

## 四、数据持续优化与更新

在当今数字化快速发展的时代，各类平台都面临着激烈的竞争，地方历史文化资源展示平台也不例外。要想在众多平台中脱颖而出，持续优化与更新至关重要。

### （一）数据分析与反馈

随着信息技术的不断进步，可以利用功能强大的数据分析工具，深入分析和挖掘用户行为和需求。这些数据分析工具能够收集海量的数据，如用户在平台上的浏览时长、浏览的具体内容板块、搜索的关键词等。通过对这些数据进行细致分析，可以绘制出用户行为画像，以精准地把握用户的兴趣点和偏好。同时，还可以积极收集用户反馈。用户作为平台的使用者，他们的体验和意见直接反映了平台的优劣之处，无论是通过在线问卷、用户评论区，还是专门的用户反馈渠道，每一条反馈都很珍贵。根据用户反馈和严谨的数据分析结果，就能够有针对性地不断优化平台功能和提升用户体验。比如，如果发现用户在浏览某一类历史文化资源时遇到加载缓慢的问题，我们就可以优化相关的代码或者服务器配置；如果用户反馈某些展示界面不够直观，我们就可以重新设计页面布局，提高信息传递的效率。

### （二）资源更新与维护

定期更新和补充新的地方历史文化资源是保持平台活力和吸引力的关键所在。历史研究在不断深入，新的考古发现、民间文化挖掘成果等都为平台提供了新的素材。如新发现的古代遗址，挖掘出的未曾面世的文物，或者是整理出某个古老家族的独特的文化传承等，这些都应该及时地纳入平台资源库。与此同时，对已有资源进行维护和修复也是十分必要的。由于时间的推移、数据存储的损耗等原因，部分已有资源可能会出现画质模糊、文字错误、链接失效等问题，需要安排专业的人员对这些资源进行仔细的检查和修复，确保资源质量和完整性。这就好比对待珍贵的文物，每一个细节都不容忽视，只有这样才能让用户在浏览平台时获取准确、完整的历史文化信息。

### （三）技术创新与应用

在科技日新月异的今天，新技术发展趋势如汹涌浪潮般席卷而来，其中人工智能、区块链等技术备受瞩目。高校图书馆必须密切关注这些新技术发展趋势，积极探索它们在地方历史文化资源展示和传播中的应用。以人工智能为例，可以利用人工智能的图像识别技术，让用户在浏览历史文物图片时，能够自动获取详细的文物介绍、历史背景等信息；还可以运用人工智能的语音交互功能，为用户提供更加便捷的导览服务。而区块链技术则可以为历史文化资源的版权保护提供可靠的保障，确保这些珍贵资源的来源可追溯、权益有保障。通过合理地利用这些新技术，不仅能够提升平台性能，让用户在浏览、查询等操作时更加流畅快捷，还能够大幅提升用户体验，推动地方历史文化资源的创新性发展。例如，利用虚拟现实（VR）和增强现实（AR）技术，让用户仿佛身临其境般感受历史文化场景，增强文化的感染力和吸引力。

总之，通过数字化采集与整理、数字化平台构建、资源展示与传播以及持续优化与更新等一系列全面而系统的策略，可以在数字化平台上有效地展示和传播地方历史文化资源，从而推动地方文化的传承和发展。这对于保护地方文化的独特性、丰富中华民族文化宝库、增强文化自信都有着深远的意义。

# 第三节　如何进行地方文化特色数据库与知识服务平台构建

随着高等教育不断创新发展，高校图书馆的职能不断拓展和深化，所承担的文化服务职能越来越多。其中，进行地方历史文化特色数据库与知识服务平台构建成为了一项极为重要且又复杂的系统性工程，涉及了众多的环节和不同的方面。对于如何建构问题，下面加以具体分析。

## 一、明确构建目标

首先，要明确构建地方历史文化特色数据库与知识服务平台的目标。高校是一个知识汇聚与进行人才培养的地方，全校师生对于信息有着多样化的需求。构建这一数据库与平台，首要目标就是满足全校师生的信息需求。在教学、科研以及日常的文化交流中，师生们常常需要深入了解地方历史文化方面的知识，而这个数据库将成为他们获取信息的重要渠道。地方历史文化是地域文明的瑰宝，每一个地方都有着独特的历史发展轨迹、文化习俗和人文风貌。因此，促进地方历史文化的传播与传承也是构建的重要目标。通过数据库与平台，能够将地方历史文化的精髓传递给更多的人，无论是校内的学子，还是校外对地方文化感兴趣的群体，从而避免这些珍贵的文化遗产在现代社会的快速发展中被遗忘。

同时，这一构建工作对于提升图书馆的服务质量和水平有着积极意义。在数字化时代，传统的图书馆服务模式已经难以满足读者日益增长的需求。通过构建特色数据库与知识服务平台，图书馆能够提供更加个性化、精准化的服务，更好地适应时代发展，从而提高自身在高校教育体系中的影响力和价值。

# 二、调研与规划

## （一）调研读者需求

深入了解读者的需求和期望是数据库和知识服务平台建设成功的关键，需要通过多种方式进行调研，如问卷调查和访谈等。问卷调查能够覆盖较大范围的师生群体，通过精心设计的问题，可以获取他们对地方历史文化特色数据库的具体需求，比如，他们希望在数据库中获取哪类地方历史文化知识，是特定历史时期的人物故事，还是古老的民俗传统等。同时，还能了解他们对知识服务平台的使用习惯和偏好，例如，他们更喜欢简洁直观的界面风格，还是功能丰富全面的操作平台，是习惯通过关键词检索获取信息，还是更倾向于分类浏览等。访谈则能够针对一些特定的群体或者具有代表性的师生进行深入交流。比如，可以与历史专业的教师进行访谈，他们由于教学和研究的需要，对地方历史文化有着深入的研究和见解，他们的需求可能更加专业和深入，如对一些珍稀历史文献的数字化需求等。也可以与学生社团组织进行交流，这些学生群体可能对地方文化的传播有着独特的想法和创意，他们的建议有助于使知识服务平台更具吸引力和互动性。

## （二）规划内容

根据调研所获得的丰富结果，即可以开始规划数据库和知识服务平台的建设内容。

对于数据库而言，确定其主题是首要任务。地方历史文化包含众多的元素，是聚焦于地方的历史沿革，还是以地方的文化艺术形式为主题，需要根据师生的需求和地方文化的特色来确定。例如，如果当地以传统手工艺闻名，那么数据库的主题可以围绕这些手工艺的历史发展、技艺传承等方面展开。内容范围的确定也同样重要。它涉及资源收集的广度，是涵盖整个地区的历史文化内容，还是聚焦于某几个具有代表性的区域或者文化现象，需要综合考虑资源的可获取性、文化的典型性等因素。数据结构则决定了数据库的组织形式。它需要考虑如何将不同类型的资源进行有效的整合，是按照时间顺序、主题分类，还是其他逻辑关系来构建数据结构，以便于用户能够快速准确地检索到所需信息。在功能需求方面，要考虑用户在使用数据库时可能需要的各种操作功能，如高级检索功能、资源推荐功能等。

对于知识服务平台，前台服务功能模块的规划要以用户体验为核心。这包括界面设计要简洁美观、易于操作，提供多种查询入口方便用户获取信息，同时还要设置用户反馈渠道，以便及时改进服务。后台管理功能模块则要确保平台的稳定运行，包括用户权限管理、资源更新管理等。知识管理功能模块主要负责对地方历史文化知识的整合、分类和关联，以便提供更加全面深入的知识服务。

## 三、建设特色数据库

### （一）资源搜集

众所周知，资源搜集是构建特色数据库的基础工作。地方历史文化相关的资源形式多样、信息丰富。图书，作为地方历史文化知识的重要载体，无论是古老的地方志，还是现代学者对地方文化研究的著作，都蕴含着丰富的信息。期刊和报纸，则能够反映不同时期地方的社会风貌、文化动态等。档案，常常保存着地方家族的族谱、历史事件的原始记录等一些珍贵的历史资料。照片和视频，直观地展现地方的风土人情、传统习俗等地方历史文化的生动写照。为了确保资源的全面性和代表性，搜集工作需要广泛开展。不仅要深入挖掘高校自身的馆藏资源，还要与地方的图书馆、档案馆、文化机构等建立合作关系，获取更多外部资源。同时，还要关注民间收藏，许多民间收藏家手中可能拥有一些独特的地方历史文化藏品，如老照片、手工艺品等，将这些资源纳入数据库，能够使数据库更加丰富多元。

### （二）整理加工

搜集到的资源处于原始状态，需要进行一系列的整理、分类、标引、数字化等加工处理，才能形成适合网络阅读和检索的数字资源。整理工作就是对一堆杂乱无章的材料进行梳理，将相同类型或者相关主题的资源放在一起。分类工作则要建立科学合理的分类体系，如可以按照历史时期、文化类型、地域范围等进行分类。标引工作就如同给每个资源贴上标签，方便用户在检索时能够准确找到。数字化工作是适应现代网络环境的必然要求，通过扫描、拍摄、转录等技术手段，将纸质的图书、档案等转化为数字格式，将照片和视频进行格式转换和优化，以便在网络平台上流畅地展示和传播。

### （三）选择建库系统

建库系统的选择直接关系到数据库的质量和性能。在众多的建库软件中，需要选用标准化、规范化、系统化的建库软件，如超星数字图书馆建库系统等。标准化和规范化的建库系统能够确保数据库的建设符合行业规范，方便与其他数据库进行数据交互和共享。系统化的建库系统则具备完善的功能模块，能够满足构建地方历史文化特色数据库的各种需求。这样的建库系统具有良好的稳定性，能够保证数据库长时间稳定运行，不会因为数据量的增加或者用户访问量的增大而出现故障。同时，其兼容性也很重要，能够兼容不同格式的资源，支持多种操作系统和终端设备，无论是在电脑上还是在移动设备上，用户都能够顺利访问数据库。

### （四）构建数据库

利用选定的建库系统构建数据库是最后的关键步骤。这一过程包含多个功能模块，如系统配置，需要根据数据库的规模、用户访问量等因素进行合理的服务器配置、网络设置等，以确保数据库的运行效率。元数据加工则是对数据库中的资源进行详细的描述和定义，包括资源的名称、作者、来源、内容简介等信息，以便用户更好地了解资源的价值和内容。导航栏设置要设计合理的导航结构，方便用户按照自己的需求快速找到相关的资源板块。数据库发布则是将构建好的数据库推向用户，使其能够在网络上被访问和使用，最终形成一个具有地方历史文化特色的、功能完善的数据库。

## 四、构建知识服务平台

### （一）前台服务

面对当今的信息爆炸式增长的现状，知识的获取变得既容易又困难。海量的信息充斥在各个角落，用户在寻找自己所需知识时往往如同大海捞针。为此，高校图书馆努力构建信息检索与发布平台，以陈列各种各样的知识信息，并提供知识信息推送服务，通过掌握用户的兴趣、历史搜索记录等信息主动将相关的知识信息推送给用户。例如，对于历史文化爱好者，平台会推送当地历史遗迹的最新研究成果、古代文化名人的趣闻轶事等。全文检索服务则像是一把精准的钥匙，能在浩如烟海的知识宝库中迅速定位到包含这些关键词的全文内容。无论是学术论文、历史典籍，还是民间传说的文本记录，都能被准确检索到。全文传输服务确保了这些知识内容能够完整、快速地传递到用户手中，无论是在本地局域网内，还是通过互联网远程传输。信息咨询参考服务更是方便用户快速获取所需信息。当用户对某个知识领域存在疑惑，或者需要更深入的专业信息时，专业的咨询人员就根据平台所整合的各类知识资源，为用户提供指引和详细的解答、参考建议。

### （二）后台管理

优质的前台服务离不开强大的后台支持，所以构建信息资源采集、整理、加工平台，以及知识库和知识管理平台成为了构建知识服务平台的关键环节。信息资源采集是一个广泛而细致的过程，工作人员深入到地方的各个角落，从古老的档案室里挖掘历史文献，从民间艺人那里搜集口口相传的传统文化故事，从地方史志中整理出珍贵的历史资料等。然后，将这些杂乱无章的信息资源进行整理，按照一定的规则和逻辑进行分类、排序。例如，按照历史时期、文化类型、地域特色等标准进行分类。加工平台则对这些整理好的信息进行深度加工，将原始的资料转化为易于理解、检索和利用的知识形式。知识库就像是一个巨大的知识仓库，把经过采集、整理、加工后的知识资源有序地存储起来；而知识管理平台则像是这个仓库的智能管理员，负责将系统生成的信息资源实施知识管理，通过先进的知识管理技术，对知识进行分类标签、建立知识关联、评估知识价值等操作，增加知识信息的实际价值，让知识不再是孤立的存在，而是形成一个有机的整体。

### （三）技术保障

在构建知识服务平台的过程中，技术是坚实的基石。高校图书馆采用先进的网络结构，确保知识信息在平台内部和与外界交互时的畅通无阻。这个网络结构不仅要具备高带宽、低延迟的特点，还要能够适应不同的网络环境，无论是有线网络还是无线网络，都能稳定运行。网络前端开发工具决定了平台的用户界面是否美观、易用。经过精心设计的前端界面，能够使用户轻松地进行检索、浏览、下载等各种操作。数据库的后台服务技术更是整个平台的核心支撑，它像一个强大的引擎，负责数据的存储、管理和快速响应查询请求。为了确保知识服务平台的稳定性和安全性，技术团队要注意采用数据备份与恢复机制等一系列措施，以防止数据丢失，以及防火墙和加密技术，以抵御外部网络攻击，保护用户的隐私和知识资源的安全。

## 五、优化与完善

### （一）用户反馈

用户的体验和意见是平台不断进步的动力源泉。因此，建立用户反馈机制成为优化和完善平台的重要举措，这样能够将用户与图书馆紧密联系起来。为此，高校图书馆可以通过多种方式及时收集和处理用户对数据库和知识服务平台的意见和建议。例如，在平台界面设置专门的反馈入口，用户可以随时写下自己在使用过程中遇到的问题、对功能的期望或者对服务的不满。同时，还可以定期开展用户满意度调查，通过详细的问卷了解用户对平台各个功能模块的评价。一旦收到用户反馈，图书馆会迅速组织专业人员进行分析和处理。如果是关于平台功能操作方面的问题，技术人员会及时对界面进行优化，调整操作流程，使其更加简便易懂；如果是关于知识内容的反馈，如某些历史文化知识的准确性或者完整性存在问题，内容编辑团队就会立即对相关内容进行核实和补充。通过这样不断地根据用户反馈进行优化，平台的功能和服务得以持续提升，从而更好地满足用户的需求。

### （二）宣传推广

在信息传播飞速发展的今天，"酒香也怕巷子深"。高校图书馆即使构建了非常优质的地方历史文化特色数据库与知识服务平台，如果不进行有效的宣传推广，也难以被广大用户所知晓和使用。因此，要举办多种形式的活动、利用多种渠道进行宣传推广。其中，讲座是一种非常直接且有效的方式，邀请地方历史文化专家、学者来到图书馆，向公众讲解地方历史文化的独特魅力以及平台所蕴含的丰富知识资源。例如，举办关于本地古代建筑艺术的讲座，专家在讲解过程中可以穿插介绍平台上有哪些与之相关的深入研究资料可供用户进一步探索。展览也是一种吸引眼球的宣传手段，通过展示地方历史文化的珍贵文物、历史图片等实物资料，并结合平台上的数字资源，让观众更直观地感受地方历史文化的博大精深，同时也了解到平台是获取这些知识的便捷途径。培训活动则针对那些希望深入了解和利用平台资源的用户，教授们如何更高效地检索信息、如何深入挖掘知识背后的价值等。除了线下活动，高校图书馆还可以充分利用网络的力量，通过图书馆网站、社交媒体等渠道进行宣传推广。在图书馆网站上设置醒目的宣传板块，介绍平台的特色功能、最新更新内容等；在社交媒体平台上，如微信公众号、微博等，定期发布与地方历史文化相关的有趣知识，并引导用户关注平台，提高平台的知名度和使用率。

### （三）持续更新

随着时间的推移和知识的不断积累，地方历史文化的研究也在持续深入，新的发现、新的解读层出不穷。为了确保平台的时效性和实用性，高校图书馆必须对数据库和知识服务平台进行定期更新。对于数据库内容的更新，图书馆会及时将新发现的历史文献、新研究的文化成果等纳入其中。例如，当考古学家在本地发现了新的古代遗址，相关的考古报告、研究论文等资料会尽快被整理上传到数据库中。同时，对于平台功能的更新也不会懈怠，随着用户需求的变化和技术的发展，不断优化检索算法，提高检索的准确性和速度；增加新的交互功能，如用户之间的知识分享社区，让用户可以在平台上交流对地方历史文化的见解和心得。通过持续更新，平台始终保持活力，为用户提供最新、最有用的知识服务。

总之，地方历史文化特色数据库与知识服务平台构建需要将明确目标、调研规划、建设数据库、构建服务平台、优化完善等多个环节系统地加以进行，从而为用户提供更加便捷、高效、丰富的知识服务体验，让用户在探索地方历史文化知识的海洋中畅游无阻。

# 第四节　吸引读者和提升数据库利用率

为了在众多的信息源中脱颖而出，吸引读者关注并加强数据库利用是十分必要的，可以考虑以下策略。

## 一、吸引读者

### （一）提供丰富多样的内容

现如今，读者来自不同的专业背景、年龄段以及兴趣群体，需求日益多元化，因此，要确保数据库内容涵盖广泛的主题和领域，以满足不同读者的多样化需求。一个成功的数据库必须像一个知识的大超市，无论是科学研究、文化艺术、历史人文，还是实用的生活知识等各个方面的内容都应该有所涉及。对于科研人员来说，数据库能够帮助其获取最前沿的学术研究成果；对普通大众来说，数据库要保证其获取生活常识、健康养生或者文化娱乐方面的信息。只有数据库内容涵盖面广，才能不断更新和增加新的内容，保持数据库的时效性和吸引力。

信息是在不断更新和发展的，新知识、新观点、新事件每天都在涌现。如果数据库中的内容一成不变，很快就会被读者所抛弃。因此，要定期对数据库中的内容进行审查和更新。比如，在新闻资讯类的数据库中，要及时收录当天发生的重大事件报道；在学术数据库里，要迅速将新发表的重要研究论文纳入其中。同时，还应该积极寻找和添加一些独特的、有价值的新内容，像一些罕见的历史文献资料、小众但有趣的学术研究成果等，这样可以让数据库始终保持对读者的吸引力。

### （二）优化用户界面和体验

用户界面设计要简洁、美观、易用，以提高读者的使用体验。当读者打开数据库时，第一眼看到的就是用户界面。一个简洁、美观且符合人体工程学设计的界面能够给读者带来愉悦的视觉感受，就像走进一家装修精致、布局合理的商店一样。界面上的元素应该清晰明了，避免过多复杂的装饰和混乱的布局，让读者能够轻松找到自己想要操作的按钮或者菜单。例如，菜单的分类应该遵循逻辑，颜色搭配要协调，字体大小要适中，方便不同视力的读者阅读。

此外，还要提供多种导航和搜索方式，方便读者快速找到所需内容。不同的读者有不同的搜索习惯和需求。有些读者更喜欢通过关键词搜索来直接定位自己想要的内容；有些读者则对某个特定的主题有深入的兴趣，希望通过主题导航来浏览相关的信息；还有些读者想要查找某个作者的所有作品，这就需要加强检索功能。所以，数据库应该提供多种导航和搜索方式，如构建清晰的分类目录、设置热门搜索标签、提供高级搜索选项等，以便读者能够根据自己的需求快速找到所需内容。

### （三）增强互动性和参与度

在数据库中增加评论、投票、问答等互动元素，可以激发读者的参与热情。当读者在使用数据库时，如果只是单纯地接收信息，那么他们与数据库之间的联系就比较薄弱。而增加评论、投票、问答等互动元素后，情况就会大不相同。例如，读者可以在一篇学术论文下发表自己的见解和疑问，与其他读者或者作者进行交流；对于一些有趣的话题，还可以进行投票，看看大家的观点倾向。这样不仅可以增强读者对数据库内容的关注度，还能让他们感受到自己是这个知识社区的一部分，从而激发他们的参与热情。

举办线上活动，如知识竞赛、读书分享等，可以提高读者的参与度和黏性。线上活动是吸引读者深度参与数据库的有效方式。以知识竞赛为例，可以围绕数据库中的某个主题或者多个主题设计一系列有趣的问题，让读者参与竞赛。通过竞赛，读者会更加深入地挖掘数据库中的知识内容，同时也能与其他参与者一较高下，激发他们的竞争意识。读书分享活动则可以让读者分享自己阅读数据库中相关书籍或者文章的心得体会，促进读者之间的思想交流，让读者在数据库中形成一种社交关系，进而提高他们对数据库的参与度和黏性。

### （四）利用社交媒体和各种渠道进行宣传

微博、微信、抖音等社交媒体平台拥有庞大的用户群体，是宣传数据库的绝佳渠道。我们可以在微博上发布数据库中的精彩内容片段、有趣的知识小卡片，吸引用户的关注；在微信公众号里定期推送数据库的使用攻略、新上线的内容推荐等；利用抖音的短视频形式，制作生动有趣的视频介绍数据库的特色功能，如独特的检索方式、独家的内容资源等。通过这些方式，可以将数据库的信息传播给更多的潜在读者。

而与其他文化机构、高校等开展合作、共同推广，可以实现资源共享、优势互补、扩大宣传。文化机构通常拥有丰富的文化资源和受众群体，高校则有大量的学生和教师等知识需求者。彼此合作举办展览、学术讲座等活动，在活动中嵌入数据库的推广内容；还可以互相推荐资源，例如，文化机构向其受众推荐数据库，高校在图书馆资源介绍中重点推荐该数据库等，从而扩大数据库的影响力。

## 二、提升数据库的利用率

### （一）加强宣传和培训

图书馆是读者获取知识资源的重要场所，其网站、宣传栏和电子显示屏都是很好的宣传阵地。利用图书馆网站、宣传栏、电子显示屏等宣传数据库，在图书馆网站上设置专门的数据库推荐板块，详细介绍数据库的内容、功能和使用方法；在宣传栏里张贴色彩鲜艳、内容简洁明了的数据库宣传海报，吸引读者的注意力；利用电子显示屏滚动播放数据库的宣传视频或者重要信息，让读者在进出图书馆的时候能够看到，从而提高数据库的认知度。

举办专题讲座、新生入馆教育等活动，向读者传授数据库使用方法和技巧。很多读者可能知道数据库的存在，却不了解如何高效地使用它。举办专题讲座可以针对不同类型的数据库，邀请专业人士讲解其使用方法、检索技巧、内容特点等。新生入馆教育是一个很好的机会，可以在新生刚进入学校、对知识充满渴望的时候，向他们介绍学校图书馆的数据库资源，让他们从一开始就掌握正确的使用方法，从而提高数据库的利用率。

### （二）提供优质的检索服务

检索功能是数据库的核心功能之一。优化数据库的检索功能，可以提高检索效率和准确性。如果检索结果不准确或者检索速度很慢，读者就会失去耐心。因此，要不断优化检索算法，提高检索的准确性。例如，通过语义分析技术，让数据库能够理解读者输入的关键词的真正含义，从而提供更精准的检索结果。同时，可以优化数据库的索引结构，提高检索速度，让读者能够在短时间内得到检索结果。

此外，提供多种检索方式，如关键词检索、主题检索、作者检索等，也可以满足不同读者的检索需求。如前文所述，不同的读者有不同的检索需求。关键词检索适合那些有明确搜索目标的读者；主题检索则有助于读者对某个领域进行全面的浏览和查找；作者检索方便读者查找特定作者的所有作品。除了这些常见的检索方式，还可以根据数据库的特点提供一些特殊的检索方式，如按照日期范围检索、按照文献类型检索等，以满足不同读者在不同场景下的检索需求。

### （三）定期统计和分析利用率

定期对数据库的利用率进行统计和分析，了解读者的使用情况和需求。通过定期统计数据库的登录次数、检索次数、不同内容的访问量等数据，可以清晰地了解读者对数据库的使用频率、使用偏好等情况。例如，如果发现某个特定类型的内容访问量突然增加，就可以深入分析是因为该内容本身的吸引力，还是因为外部环境的影响，如某个热点事件导致相关内容的关注度上升。

根据分析结果，调整数据库的内容和结构，提高数据库的针对性和实用性。根据对利用率的统计和分析结果，可以对数据库进行有针对性地调整。如果发现某些内容很少被访问，可以考虑对其进行优化或者替换；如果发现读者对某个新的文化主题领域有较高的需求，可以及时增加相关内容。同时，根据读者的检索习惯和需求，调整数据库的结构，如优化分类目录、增加相关主题的关联等。

### （四）与数据库供应商合作

与数据库供应商保持密切合作是一件极具战略意义的事情。数据库供应商掌控着数据库的资源分配、技术维护以及服务模式等核心要素。为了能够给读者提供更好的服务，需要与数据库供应商建立一种深度的、持续性的合作关系。密切关注读者在使用数据库过程中的各种需求和意见是非常重要的。读者可能在数据的完整性、检索的便捷性、资源的更新速度等方面有着各种各样的诉求。因此，要及时、准确地将这些需求和意见反馈给数据库供应商，这不仅能够体现我们对读者负责的态度，更有助于数据库供应商根据实际情况对产品进行优化和改进。

在合作过程中，我们要积极争取更多的优惠和支持。例如，免费试用是吸引读者尝试新数据库或者新功能的有效方式。很多读者在不了解数据库的情况下，不太愿意直接付费使用，而免费试用就给了他们一个零成本体验的机会。折扣优惠也是非常重要的一方面，无论是针对个人用户还是机构用户，合理的折扣能够显著降低读者的使用成本。这对于那些预算有限但又对数据库有需求的读者来说，是非常有吸引力的。

### （五）优化数据库性能和稳定性

数据库需要定期进行维护和优化才能保持良好的运行状态。定期对数据库进行维护和优化是确保其稳定性和性能的基础工作。维护工作包括数据的备份、索引的重建、存储结构的优化等多个方面。通过这些操作，可以清除数据库中的冗余数据，提高数据的存储效率和检索速度。同时，数据库在运行过程中难免会出现各种各样的问题和故障，及时处理这些问题至关重要。一旦数据库出现故障，可能会导致读者无法正常使用数据库资源，这会对读者的工作、学习和研究造成严重的影响。我们要建立完善的监控和应急处理机制，当数据库出现问题时，能够迅速定位问题所在，并采取有效的措施进行修复，从而保障读者的正常使用。

总之，吸引读者和提升数据库利用率，需要从多个方面入手，使其在知识传播和信息共享方面发挥更大的作用。

# 第五节　地方文化活动策划

高校图书馆关于地方文化活动的策划能力是一种必备的能力。可以考虑以下步骤和原则，以确保活动的成功及具备较强的影响力。

## 一、明确活动目标

### （一）传承与弘扬地方历史文化

高校是文化传承与创新的重要阵地，高校图书馆有责任通过举办各种地方文化活动，让师生更深入地了解和认识地方历史文化，让师生们亲身感受地方文化的深厚底蕴和魅力，增强对地方文化的认同感。

### （二）丰富校园文化生活

高校师生的校园生活不仅仅局限于专业知识的学习，丰富多样的文化活动也是校园生活的重要组成部分。高校图书馆策划的地方文化活动，为校园营造出浓厚的文化氛围，可以为师生丰富课余生活，使其在紧张的学习和工作之余，在校园中就能感受到不同文化的碰撞与交融，激发创新灵感。

### （三）促进文化交流与合作

高校与地方文化机构、学者之间有着各自的资源优势。高校拥有众多的师生资源，他们充满活力和创新思维，对文化有着强烈的探索欲望；地方文化机构则掌握着丰富的地方文化资源，如历史文物、文化典籍等；学者们则在地方文化的研究方面有着深厚的造诣。高校图书馆策划地方文化活动，可以为校地之间搭建交流平台，建立合作、携手创新、共促发展的关系。

# 二、确定活动主题与内容

## （一）主题选择

主题是一个活动的灵魂，直接决定了活动的吸引力和影响力。在选择主题时，必须紧密结合地方历史文化特色。每个地方都有其独特的文化标识，这些标识可能是一段传奇的历史故事，也可能是一位杰出的历史名人。例如，一个有着悠久丝绸文化历史的地方，可以选择"丝绸之路上的地域文化之旅"这样的主题；如果是一个诞生过众多文学巨匠的地方，则可以考虑"地方文学大家：地方历史名人传"等主题。这些具有代表性和吸引力的主题能够迅速抓住师生们的眼球，激发他们参与活动的兴趣。

## （二）内容设计

（1）展览展示

展览展示是一种直观且有效的文化传播方式。举办地方历史文化展览时，可以精心挑选具有代表性的历史文物、精美的艺术品以及珍贵的历史图片等。对于每一件展品，都要配以详细的说明和讲解。例如，在展示一件古老的陶瓷器具时，除了介绍它的制作年代、工艺特点之外，还可以讲述它背后的历史故事，如这件陶瓷器具可能是某个朝代贵族的日常用品，通过它可以反映出当时的社会生活水平和审美观念等。这样的展览展示能够让师生们更加全面地了解地方历史文化。

（2）讲座与研讨会

邀请地方历史文化专家、学者来校举办讲座是深入传播地方文化的重要途径。这些专家、学者在地方历史文化的研究领域深耕多年，积累深厚，能够深入剖析地方历史文化的背景、内涵和价值，通过生动的案例和深入浅出的讲解，让师生们领略到地方文化的博大精深。而研讨会为师生们提供了一个与专家、学者直接交流的平台，师生们可以分享自己对地方文化的理解和思考，共同探讨地方文化在现代社会中的传承与发展。

（3）互动体验

为了增强师生对地方文化的体验感，可以设置互动体验区。比如，在地方传统手工艺制作体验区，师生们可以亲自尝试制作当地的传统手工艺品，如香包、剪纸、刺绣等，感受到手工艺人背后的匠心独运。同时，设置品尝地方特色美食的活动也能让师生们通过味蕾来感受地方文化的独特风味。例如，品尝一道地方特色的传统糕点，了解它的制作原料、制作工艺以及背后的文化寓意等。

（4）文化竞赛

组织地方历史文化知识竞赛能够极大地激发师生学习地方历史文化的兴趣和热情。竞赛活动可以分为个人赛和团体赛。在赛前，可以向师生普及地方历史文化知识，如发放学习资料、举办赛前培训等。竞赛的题目可以涵盖地方历史、民俗、艺术等多个方面，通过这种方式，让师生们在竞赛中深入学习地方文化知识，同时也能在校园内营造出一种积极学习地方文化的良好氛围。

# 三、制定活动方案

## （一）时间地点

确定活动的具体时间和地点是非常关键的部分。时间的选择要充分考虑师生的学习和工作安排，尽量选择在课余时间，如周末或者假期等。地点的选择既要确保师生能够方便参与，也要考虑场地的空间大小，以保证容纳预期的观众人数。

## （二）宣传推广

为了提高活动的知名度和影响力，必须利用多种渠道进行宣传。综合利用学校官网、公众号、传统的海报宣传等，宣传设计要富有创意，突出活动的主题和亮点。

## （三）合作与协调

与地方文化机构、学者建立合作关系是活动成功举办的重要保障。要明确各方的职责和分工。例如，地方文化机构负责提供历史文物等文化资源；学者则负责讲座内容的审核等活动内容的专业指导。高校图书馆则要发挥组织协调作用，确保各方能够在活动策划和组织过程中紧密合作，共同推进活动的顺利开展。

## （四）安全保障

安全是任何活动的首要前提。要针对活动可能出现的人员拥挤、展品损坏、火灾等各种安全问题制定好安全预案，细化相关应对措施。例如，在人员拥挤的情况下，要安排专人负责疏导人流，确保人员安全；对于展品的安全保护，要设置专门的安保措施，如安装监控设备、设置防护栏等；同时，要确保活动场地的消防设施齐全，并且对工作人员进行消防知识培训，以应对可能出现的火灾情况。

## 四、活动实施与评估

### （一）活动实施

按照活动方案，要有序实施活动的各具体环节，各个环节的工作人员要各司其职，相互配合。例如，展览展示环节的工作人员要确保展品的安全展示和讲解工作的顺利进行；讲座环节的工作人员要提前做好场地布置、设备调试等工作，保证讲座的正常开展；互动体验环节的工作人员要为师生提供必要的指导和帮助等。只有每个环节都有条不紊地进行，才能保证整个活动的顺利开展。

### （二）效果评估

通过问卷调查、现场访谈等方式，了解师生对活动的满意度和意见建议是活动评估的重要手段。问卷调查可以设计一些针对性的问题，如对活动内容的满意度、对活动组织安排的评价等。现场访谈则可以更加深入地了解师生的想法和感受。通过对这些反馈信息的收集和整理，可以全面了解活动的效果，为后续活动提供参考。

### （三）总结与反馈

对活动进行总结能够不断提升活动品质。在总结过程中，要分析活动的成功经验和不足之处。例如，活动主题的吸引力较强，吸引了众多师生参与，或宣传推广力度不够，导致部分师生对活动了解不足等。针对这些问题，提出加大宣传推广的力度，优化活动内容等改进措施，以便在今后的地方文化活动策划中能够不断提高活动的质量和影响力。

## 五、案例参考

### （一）上海交通大学图书馆的"交圕·行阅"项目

该项目以感悟中华优秀传统文化和爱国主义教育为目标，围绕核心主题和地区特色，开展主题行走式阅读研学活动。通过共读共思、深度考察、文化体验等环节，将思考、实践、交流有机结合，形成学习的闭环。

## （二）华中师范大学图书馆开展的"楚文化系列阅读推广活动"

该项目聚焦地区文化主题，通过书展、经典阅读打卡、名家讲坛、实践活动等多种形式，传承弘扬中华优秀传统文化。活动得到了师生的热情参与和广泛好评，形成了良好的社会影响。

总之，高校图书馆进行地方历史文化活动策划时，应明确活动目标、确定活动主题与内容、制定活动方案、实施活动并进行评估。同时，可以借鉴成功案例的经验和做法，不断提高活动的策划和实施水平。

# 第六节　如何进行地方文化展览策划

通过举办展览与活动来传承和弘扬地方历史文化是高校图书馆经常采用的形式。但是，开展地方历史文化展览与活动策划绝非易事，而是一个涉及多方面因素的复杂系统工程，需要注意一些关键步骤和要点，确保活动能够实现预期目标。

## 一、明确主题与目标

### （一）确定主题

在选择主题时，需要深入了解地方历史文化的丰富内涵，从而确定一个能够鲜明地代表地方历史文化特色的主题。例如"岁月印记——地区历史文化展"，这个主题如同一个装满记忆的宝盒，打开它就能看到该地区在漫长岁月里留下的痕迹，从古老的建筑风格到传统的民俗习惯，都能在这个主题下得以展现。再如"中华文化传承"这种较为宏大的主题，则是站在更高的视角，将地方文化作为中华文化的一个重要分支进行展示，强调地方文化在整个中华文化体系中的独特地位和价值。主题的选择至关重要，必须具有强大的吸引力，能够激发公众内心深处对未知文化的好奇和探索欲，从而吸引他们积极参与到活动中来。

### （二）设定目标

传承和弘扬地方历史文化是展览的核心目标之一。地方历史文化是经过数代人传承下来的宝贵财富，包含着先辈们的智慧结晶、传统价值观以及独特的生活方式。通过展览和活动，让更多的人了解这些文化元素，将这些文化瑰宝一代又一代地传承下去，并在这个过程中提高大家的文化素养，让他们更加深入地认识自己所处地域的文化根源，增强对本土文化的认同感。

同时，促进地方文化旅游的发展也是重要目标。在当今旅游业蓬勃发展的时代，独特的地方历史文化往往是吸引游客的重要因素。当人们在展览中领略到地方文化的魅力后，可能会被激发起实地游览的兴趣，进而带动地方旅游业的发展，提升地区在国内外的知名度和美誉度。这不仅能为当地带来经济收益，还能让更多的人了解这个地区的独特之处。

此外，增强社会凝聚力也是不可忽视的目标。地方历史文化是一种强大的精神纽带，能够将不同年龄、不同阶层、不同背景的人们团结在一起。当大家共同参与到地方历史文化的展示和交流活动中时，会产生一种强烈的归属感和认同感，这种情感有助于推动文化交流和融合，打破文化隔阂，促进社会的和谐发展。

## 二、策划与准备

### （一）内容策划

深入研究地方历史文化是整个内容策划的基础。这需要查阅大量的历史资料，包括地方史志、古籍文献、民间传说等，甚至还要深入到当地的乡村和社区，与老一辈人进行面对面的交流，探寻那些可能被遗忘的历史故事和文化细节。在这个过程中，要注意挖掘出地方历史文化的独特性和价值。确定展览和活动的具体内容时，要全面涵盖地方历史文化的各个方面。例如，历史沿革，从远古时期的人类活动遗迹到近代的社会变迁，都要进行系统的梳理；重要事件是地方历史的关键节点，如战争、革命、重大建设等，这些事件塑造了地方的发展轨迹；地方特色文化则包括独特的民俗风情、传统手工艺、地方戏曲等，它们是地方文化的鲜明标志；历史名人也是不可或缺的一部分，他们的思想、成就和影响力是地方文化的重要组成部分。

精心挑选展品和资料是内容策划的关键环节。展品和资料必须确保真实性，每一件展品都要有确凿的出处和历史依据，不能存在虚假或误导性的内容。同时，要保证其代表性，能够典型地反映地方历史文化的某个方面或某个时期的特征。例如，在展示传统手工艺时，选取最具代表性的手工艺品，并且附上详细的制作工艺介绍和传承人的故事，让观众更全面地了解其背后的文化内涵。

### （二）形式设计

设计多样化的展览形式是为了满足不同观众的需求和喜好。实物，如古老的青铜器、传统的服饰等，像一个个历史的见证者，静静地诉说着过去的故事。实物展示，能够让观众直观地感受到历史文化的质感；图文展示，则可以通过精心制作的展板，以文字和图片相结合的方式，系统地介绍地方历史文化的各个方面，文字简洁明了，图片生动形象，两者相得益彰；多媒体展示是现代展览的重要形式，通过视频、音频等多种媒体手段，将地方历史文化以更加生动、直观的方式呈现给观众。例如，播放关于地方传统节日的纪录片，或者是民间艺人表演传统技艺的视频，让观众仿佛身临其境。

利用虚拟现实（VR）、增强现实（AR）等现代技术，能够为观众提供前所未有的沉浸式体验。在 VR 体验区，观众可以戴上头盔，仿佛穿越时空，置身于古代的城镇、集市或者是重大历史事件的现场，亲身感受当时的氛围和人们的生活方式。AR 技术则可以让观众在观看实物展品时，通过手机或其他设备扫描展品，获取更多关于展品的详细信息、背后的故事以及相关的动画演示，使观众与展品之间产生更加深入的互动。

设置互动体验区是为了让观众能够亲身体验历史场景和传统文化。比如，设置传统手工艺制作体验区，邀请民间艺人现场指导观众制作一些简单的手工艺品，如剪纸、捏面人等，让观众在动手的过程中感受到传统手工艺的独特魅力；还可以设置历史场景复原体验区，让观众穿上古装，参与到古代的礼仪活动或者是传统游戏中，这种亲身体验能够让观众更加深刻地理解地方历史文化的内涵。

### （三）宣传推广

制定详细的宣传推广计划是展览成功的重要保障，包括线上和线下的各种渠道，以做到全方位、多层次的宣传。

如今，社交媒体已经成为人们获取信息的重要途径，因此，我们要利用社交媒体的强大影响力进行宣传。通过创建官方社交媒体账号，组织者定期发布活动的相关信息，如活动主题、内容亮点、展品预告等，并配以精美的图片和引人入胜的文字介绍，吸引用户的关注和转发。同时，还可以在社交媒体上开展话题讨论、互动活动等，如"我眼中的地方历史文化"话题讨论，鼓励用户分享自己与地方历史文化的故事和见解，提高活动的热度和话题性。新闻媒体也是线上宣传的重要手段，与各大新闻网站、地方媒体等合作，发布活动的新闻稿、专访等内容，借助新闻媒体的权威性和广泛的受众群体，提高展览的知名度。此外，还可以在搜索引擎、旅游网站等平台投放广告，针对那些对地方文化、旅游感兴趣的用户进行精准推广。

在线下，采用多种广告形式进行宣传。在城市的主要街道、公交车站、地铁站等人流量较大的地方张贴活动海报，海报设计要突出活动主题和特色，色彩鲜艳、富有吸引力。发放传单也是一种传统但有效的宣传方式，在商场、学校、社区等地发放活动传单，传单内容要简洁明了，包含活动的基本信息、时间、地点、亮点等内容。同时，邀请知名学者、专家、艺术家等进行代言或参与活动，能够极大地提高活动的权威性和影响力。这些知名人士在各自的领域具有较高的声誉和广泛的影响力，他们的参与就像为活动贴上了一个高品质的标签，能够吸引更多的人关注和参与活动。

# 三、实施与运营

## （一）场地布置

选择合适的展览场地是活动成功的基础条件之一。场地的大小要与活动规模相匹配，确保有足够的空间来展示展品、设置不同的体验区和容纳观众。同时，场地的设施要完善，包括良好的照明系统、通风设备、消防设施等，以保证观众在舒适、安全的环境中参观展览。例如，如果展览中有多媒体展示环节，场地就需要具备高速稳定的网络环境和合适的音响设备；如果有互动体验区，场地要留出足够的空间供观众参与活动。

精心布置展览区域是营造浓厚文化氛围的关键。在入口处，可以设置大型的主题展板，用醒目的字体和富有艺术感的设计展示活动的主题和标志。展览区域内的展品陈列要有一定的逻辑顺序，按照历史时期、文化类型或者主题内容等进行分类摆放，让观众在参观过程中能够清晰地了解地方历史文化的脉络。在展品的周围，可以搭配相关的文字说明、图片介绍或者小型的场景复原，使展品更加生动、形象地呈现在观众面前。同时，利用灯光、色彩等元素来营造氛围，如在展示古老文物时，采用柔和的暖黄色灯光，既能突出文物的质感，又能给人一种神秘而庄重的感觉。

确保场地安全、整洁、有序是必不可少的要求。安全是重中之重，要在场地内设置明显的安全标识，对消防设备、电气设备等进行定期检查和维护，确保没有安全隐患。安排专人负责场地的清洁工作，保持地面干净、展品整洁，为观众提供一个舒适的参观环境。合理规划观众的参观路线，设置指示牌，避免人流拥堵和混乱，保证活动的有序进行。

## （二）活动组织

组织计划是活动成功的基石。首先要制定详细的活动流程和时间表，这绝非简单的罗列，而是要基于对活动各个环节深入的考量。活动流程需明确从开场到结束的每一个关键步骤，例如，活动开场时如何吸引观众的注意力，是采用具有地方特色的传统仪式，还是由知名人士进行一段富有感染力的开场致辞？时间表则要精确到每一个项目的具体时长，考虑到不同环节之间的衔接是否自然流畅，避免出现过长的等待时间或者过于紧凑的节奏，从而确保活动顺利进行。

邀请专家学者举办讲座和研讨会是活动中的重要环节。专家学者往往是在地方历史文化研究领域深耕多年、有着深厚造诣的人士。他们能够从不同的专业视角对地方历史文化进行解读，通过挖掘那些鲜为人知的历史故事、独特的文化习俗以及背后的社会意义，让观众深入了解地方历史文化的内涵。讲座的内容要经过精心设计，既要涵盖广泛的基础知识，以满足普通观众的需求，又要深入到一些专业的研究成果，吸引对地方历史文化有浓厚兴趣的专业人士或者深度爱好者。研讨会则提供了一个交流互动的平台，专家学者们可以在这里分享自己的最新研究成果，同时也能与其他学者或者观众进行深入的讨论，碰撞出思想的火花。

举办文艺演出、互动游戏等活动，这能极大地丰富观众的体验。文艺演出要具有浓郁的地方特色，可以是当地传统的戏曲表演，演员们身着华丽的戏服，用独特的唱腔和细腻的表演展现地方历史故事中的悲欢离合；也可以是民间艺人的歌舞表演，那些富有节奏感的舞蹈动作和悠扬的歌声传递着地方文化的独特魅力。互动游戏则可以设计成与地方历史文化紧密相关的形式，比如根据地方传统手工艺制作体验游戏，让观众亲自参与到如剪纸、刺绣等传统手工艺的制作过程中，在游戏中感受传统文化的魅力。

### （三）服务保障

提供优质的观众服务是活动成功的关键因素之一。其中导览服务至关重要，导览员需要经过专业的培训，他们不仅要熟悉活动场地的布局，更要深入了解每一个展品背后的历史文化故事。在为观众导览时，导览员要用生动有趣的语言进行讲解，根据观众的不同兴趣点进行有针对性地介绍，使观众仿佛穿越时空，亲身感受到地方历史文化的魅力。咨询服务同样不可或缺，要设立多个咨询点，咨询人员需要具备丰富的知识储备，能够解答观众关于活动流程、展品信息、地方历史文化等多方面的问题。

确保展品的安全和保管是一项严肃且复杂的工作。在活动筹备阶段，就要对展品的存放环境进行严格的安全评估，包括温湿度控制、防火、防盗等方面的措施。对于珍贵的展品，要采用先进的安保设备，如高清监控摄像头、防盗报警系统等。在展品展示期间，安排专人负责巡逻，随时关注展品的状态，防止出现损坏或丢失的情况。

及时处理观众的投诉和建议是提高满意度的有效途径。要建立一个高效的投诉处理机制，当观众提出投诉或建议时，能够迅速做出反应。无论是对活动组织方面的不满，还是对展品内容有疑问，工作人员都要以诚恳的态度对待，认真记录每一个问题，并及时反馈给相关部门进行处理。处理结果也要及时告知观众，让观众感受到自己的意见被重视。

## 四、评估与反馈

### （一）收集数据

通过问卷调查、观众留言等方式收集观众的反馈和意见是深入了解活动效果的重要手段。问卷调查的设计要全面且细致，不仅要涵盖观众对活动整体的满意度评价，还要深入到对各个活动环节的感受，如对讲座内容的理解程度、对文艺演出的喜好程度等。问题的设置要多样化，包括选择题、简答题等多种形式，以便从不同角度获取观众的真实想法。观众留言则更能直观地反映观众的情感和建议，这些留言可能是对某个展品的深刻感悟，也可能是对活动某个环节的改进建议。同时，统计活动的参观人数、参与度等数据也是必不可少的。参观人数可以直观地反映活动的吸引力，而参与度则需要从多个维度进行统计，例如观众参与互动游戏的频率、在讲座和研讨会上的提问次数等。

### （二）评估效果

对活动的效果进行客观评估是活动策划的重要环节。在评估文化传承效果方面，要考量活动是否有效地传播了地方历史文化知识，是否激发了观众对地方历史文化的兴趣和热爱。例如，是否有观众在活动后主动深入研究地方历史文化，或者是否有更多的人开始关注地方传统手工艺的传承。在评估社会影响力时，要关注活动在当地社区以及更广泛范围内所引起的反响，是否吸引了媒体的关注，是否带动了当地旅游业或者相关文化产业的发展。

总结活动的成功经验和不足之处为今后的活动提供参考。成功经验可能包括某个创新的活动环节受到观众的热烈欢迎，或者某种宣传推广方式取得了很好的效果。不足之处可能是某个活动环节的时间安排不合理，或者展品的展示方式不够直观等。

### （三）持续改进

根据评估结果，不断优化展览和活动的内容和形式是提高活动质量的关键。如果发现某个讲座的内容过于专业，导致观众理解困难，那么在今后的活动中就可以调整讲座的深度和讲解方式。如果互动游戏的参与度不高，就需要重新设计游戏内容或者规则，使其更具吸引力。加强与公众的沟通和互动也是持续改进的重要方面，例如通过建立活动官方社交媒体账号，及时发布活动信息，与观众进行线上互动，收集观众的意见和建议，从而提高活动的吸引力和参与度。

总之，开展地方历史文化展览与活动策划需要明确主题与目标、精心策划与准备、细致实施与运营以及全面评估与反馈。这每一个环节都像是链条上的一环，环环相扣，缺一不可。只有将这些步骤和要点全面而深入地实施，才能够确保活动的成功和影响力，为地方历史文化的传承和发展做出积极而富有意义的贡献。

# 第七节 其他

## 一、学术研讨会与讲座

高校图书馆作为知识传播与学术研究的重要阵地，举办地方历史文化学术研讨会与讲座，无疑是推广和深化地方历史文化研究的重要平台。

### （一）学术研讨会

（1）目的与意义

地方历史文化是一个地区独特的精神标识，蕴含着丰富的价值内涵。然而，随着现代化进程的加速，地方历史文化面临着传承断代、发展失衡以及保护不力等诸多挑战。高校图书馆举办地方历史文化学术研讨会，旨在汇聚地方历史文化研究领域的专家学者，共同探讨地方历史文化的传承、发展与保护。这种学术交流的意义深远。能够打开地方历史文化研究深入发展的大门。地方文化建设如同构建一座宏伟的大厦，需要坚实的理论基石，而这些研讨会所产生的研究成果就能为其提供有力的支撑。同时，在旅游发展日益兴盛的今天，地方历史文化是吸引游客的重要元素，对地方历史文化的研究成果，可以为旅游发展增添独特的文化内涵，从而增强地方旅游的吸引力和竞争力。

（2）典型案例

如天津师范大学地方文献研究中心学术研讨会。地方文献是地方历史文化的重要载体。2023 年 5 月 13 日至 5 月 15 日，天津师范大学地方文献研究中心成功举办了第一届"地方文献与地方文化学术研讨会"，围绕"地方文献与地方文化发展"这一主题展开了广泛而深入的交流。会议涉及地方文献的搜集、文献的整理、地方文献的研究、文献的推广等。在研讨会上，专家学者们结合自身实践经验，分享自身经历：搜集地方文献的艰辛，整理文献过程中如何运用现代技术手段提高效率的创新方法，对地方文献的研究提出独特的理论视角等。

再如无锡市图书馆学会学术研讨会。2023 年 11 月 3 日，无锡市图书馆学会举办的

"地方文化的传承与发展"学术研讨会，就地方文化的传承、发展及图书馆在其中的作用进行了深入探讨。在研讨会上，图书馆的角色被重新审视，即图书馆不仅是一个存放书籍的地方，还是地方文化传承的守护者和发展的推动者。多位专家学者分享了他们的研究成果和实践经验。有的学者通过对无锡传统手工艺文化的研究，提出了如何在现代社会中让传统手工艺重新焕发生机的创新思路；有的学者以无锡的历史建筑保护为例，阐述了图书馆在搜集、整理和展示相关历史文化资料方面的重要性，为无锡文化建设提供了有益参考，就像是为无锡文化建设的宏伟蓝图添上了浓墨重彩的一笔。

## 二、研讨会的特点与趋势

### （一）线上线下结合

近年来，研讨会通常采取线上线下结合的方式，让身处世界各地的专家学者能够轻松地参与到研讨会中来，与其他学者进行实时的学术交流。线下会议则保留了传统学术交流的面对面互动的优势，学者们可以在会议现场进行深入的讨论、交换意见，感受浓厚的学术氛围。这种线上线下结合的方式，极大地提高了研讨会的参与度，让更多的思想在这里碰撞出智慧的火花。

### （二）研讨内容广泛

研讨内容广泛得如同一个丰富的文化大观园，涉及地方文献、地方文化、历史传承等多个方面。地方文献是地方历史文化的记录者，从古老的县志到民间的族谱，每一份文献都承载着一段历史记忆；地方文化涵盖了当地的风俗习惯、传统艺术、民间信仰等诸多元素，这些元素共同构成了地方独特的文化景观；历史传承则是将过去与现在连接起来的纽带，探讨如何让古老的文化在现代社会中得以延续和发展。

### （三）注重实践经验分享和案例分析

越来越注重实践经验的分享和案例分析是当前学术研讨会的一个重要趋势。这就如同医生在治病时参考临床病例一样，通过实际的案例分析，能够更加直观地了解地方历史文化研究在实际应用中可能遇到的问题以及有效的解决方法。学者们分享的实践经验就像是一把把钥匙，为其他研究者打开新的研究思路之门，以推动地方历史文化研究的深入和应用，使理论研究能够更好地与实际相结合，从而发挥出更大的价值。

# 三、在线学习平台与社区建设

高校图书馆地方历史文化在线学习平台与社区建设之间存在着密切的联系，两者相互促进，共同推动文化的传承与发展。

## （一）重要性

（1）文化传承与教育功能

高校图书馆作为知识和文化的宝库，承担着文化传承与教育的重任。地方历史文化在线学习平台能够汇集地方历史文献、古籍资料、地方志等资源，为学习者提供深入了解地方历史文化的机会。通过在线学习平台，社区居民可以随时随地访问这些资源，不受时间和空间的限制，从而更加便捷地获取历史文化知识。

（2）促进学术研究与交流

地方历史文化在线学习平台不仅为学习者提供资源，还为学术研究者提供了一个交流和分享的平台。学者可以通过平台发布研究成果、组织学术讨论会等，促进学术研究的深入和发展。社区居民也可以通过参与这些活动，与学者进行互动，提高自己的学术水平和文化素养。

## （二）对社区建设的贡献

（1）丰富社区文化生活

地方历史文化在线学习平台为社区居民提供了丰富多彩的文化资源和学习机会。居民可以通过平台了解地方历史、风土人情、文化遗产等，从而增强对社区的认同感和归属感。图书馆还可以利用平台举办线上讲座、展览等活动，吸引社区居民参与，丰富他们的文化生活。

（2）推动社区经济发展

地方历史文化是社区经济发展的重要资源。通过挖掘和传承地方历史文化，可以打造具有地方特色的文化品牌和旅游项目，吸引游客前来参观和消费。

高校图书馆地方历史文化在线学习平台可以为这些项目提供宣传和推广的渠道，助力社区经济发展。

（3）促进社区和谐与稳定

地方历史文化是社区和谐与稳定的重要基石。通过学习和了解地方历史文化，居民可以更加深入地了解彼此的文化背景和价值取向，从而增进相互理解和尊重，有助于减少社区内的矛盾和冲突，促进社区的和谐与稳定。

### （三）加强高校图书馆与社区的合作

（1）资源共享与共建

高校图书馆可以与社区图书馆、文化中心等机构进行资源共享和共建。通过整合各方资源，共同打造更加完善的地方历史文化在线学习平台。这不仅可以提高资源的利用效率，还可以为社区居民提供更加便捷和丰富的服务。

（2）举办文化活动

高校图书馆可以联合社区举办各种文化活动，如讲座、展览、文化沙龙等。这些活动不仅可以丰富社区居民的文化生活，还能促进图书馆与社区之间的交流和互动。通过这些活动，图书馆可以更加深入地了解社区居民的需求，从而不断改进和完善服务。

（3）提供志愿服务

高校图书馆可以组织志愿者队伍，为社区居民提供志愿服务。志愿者可以协助图书馆进行资源整理、读者咨询等工作，为社区居民提供更加优质的服务体验。同时，志愿者还可以通过参与这些活动提高自己的文化素养，增强社会责任感。

## 四、地方历史文化出版物

### （一）定义与特点

地方历史文化出版物是指由本地区刻印或出版的，与本地区历史文化内容相关的文献。这些出版物不仅具有鲜明的区域性，反映着本地区独特的历史文化风貌，也能够精准地捕捉到地方特色，将每一个地方独特的地理环境、人文习俗和发展轨迹原汁原味予以呈现，还具有珍贵的历史资料性，详细记载着本地区在不同历史时期的政治、经济、社会等多方面的发展状况。从古老的朝代更迭、政治制度的演变，到经济贸易的兴衰、社会风俗的变迁，都能在这些出版物中找到翔实的记录，从而形成了独特的区域性文化记录。

### （二）类型与形式

地方历史文化出版物类型丰富多样。

（1）地方志：是一部地区发展的编年史书，全面而细致地记录着一个地区社会经济等方面的历史资料，包括当地的山川地貌、名胜古迹、人口变迁、家族传承及各行各业的发展脉络，无所不包，具有极高的史料价值，不仅为历史学家研究地方历史提供了最直接、最可靠的依据，也为普通民众了解家乡的过去打开了一扇大门。

（2）地方文献书目：是以地域为记载中将关于该地历史、文化、政治、经济等内容的著作收录到一起形而编成的目录。这些书目精心整理和罗列了与地方历史文化相关的各种书籍、文献，让研究者和爱好者能够迅速定位到有价值的信息源，就像是导航图，指引着人们在浩瀚的地方文献海洋中找到自己需要的资料。

（3）新型文献：结合了现代科技和新的文化需求，以更加新颖的视角和表现形式来呈现地方历史文化。

在形式方面，地方历史文化出版物也与时俱进，呈现出多元化的态势。纸质图书依然散发着独特的魅力，让人在翻阅的过程中感受到浓厚的文化氛围。电子书则为人们提供了更加便捷的阅读方式，依赖手中的电子设备，人们可以轻松畅游在地方历史文化的知识海洋里。而数据库的出现，更是将海量的地方历史文化资料整合在一起，通过强大的搜索功能，让使用者能够迅速获取所需信息，大大提高了研究和学习的效率。

## （三）意义与作用

地方历史文化出版物对于传承和弘扬地方历史文化具有不可替代的重要意义。这些资料和素材保存和传承着地方历史文化的精髓，为后人提供了宝贵的历史资料和研究素材，为历史学家、文化学者深入研究地方历史文化提供了坚实的基础。

同时，这些出版物还像是地方的文化名片，能够有效地促进地方文化交流和旅游发展。当游客来到一个地方，通过阅读当地的历史文化出版物，能够更加深入地了解这个地方的文化底蕴，从而提升对这个地方的兴趣和好感。这种文化的吸引力能够转化为旅游的动力，带动当地旅游业的发展。而随着游客的到来，地方文化也得到了更广泛的传播，地方的知名度和美誉度也在这个过程中得到显著提升。

# 回望与前瞻
## ——高校图书馆地方文化传承之路

随着《跨界与协同：地方文化传承理论与实践》的缓缓落笔，我不禁回望起这段探索与研究的旅程。从最初的选题确定，到资料搜集、案例调研，再到理论梳理与实践总结，每一步都凝聚了作者的心血与智慧。而此刻，当这本承载着我对高校图书馆地方文化传承深刻理解与前瞻思考的书籍即将面世时，我心中充满了激动与感慨。

在撰写本书的过程中，我深刻感受到了高校图书馆在地方文化传承中的独特价值与使命。它们不仅是知识的宝库，更是地方文化的守护者、传播者与创新者。通过跨界协同，高校图书馆能够打破传统界限，与政府、文化机构、社区、企业等多方主体紧密合作，共同推动地方文化的挖掘、保护与传承。这种协同不仅体现在资源的共享与互补上，更体现在理念、方法、技术等多方面的深度融合与创新上。

在本书的撰写过程中，我也遇到了不少挑战与困难。如何准确把握高校图书馆在地方文化传承中的角色定位？如何深入挖掘跨界协同的理论基础与实践意义？如何提炼出具有普遍指导意义与操作性的实践经验？这些问题都需要我进行深入的思考与探索。而正是这些挑战，促使我不断拓宽视野、深化认识，最终形成了这部内容丰富、观点鲜明的作品。

同时，我也深刻感受到了技术与创新在高校图书馆地方文化传承中的重要性。在数字化、网络化、智能化快速发展的今天，高校图书馆必须充分利用现代科技手段，提升服务效率与质量，拓宽服务范围与深度。通过大数据、人工智能等先进技术的应用，实现地方文化资源的精准推送与个性化服务，满足读者日益多样化的需求与期待。这种创新不仅提升了图书馆的服务水平，也为地方文化的传承与创新注入了新的活力。

展望未来，我坚信高校图书馆在地方文化传承中将继续发挥不可替代的作用。随着社会的不断发展与进步，人们对地方文化的关注与热爱将日益增强。而高校图书馆作为地方文化传承的重要阵地，将不断探索与实践新的路径与方法，为地方文化的传承与创新贡献更多的智慧与力量。

在此，我也特别感谢中共徐州市委宣传部、徐州市哲学社会科学联合会、徐州市文广旅局、共青团徐州市委以及驻徐 19 所高校、职业院校等众多单位持续十余年来对我关于地方文化跨界协同理念的认同和大力支持；感谢中国矿业大学党委宣传部和团委、江苏师范大学党委宣传部和团委等驻徐各校党委宣传部及其团委、相关院系等的支持；感谢在徐广大师生及驻各地相关高校广大师生的参与，使徐州地方文化跨界协同实践成为可能，并不断成长，直至开花结果，清香四溢，硕果累累。未来，愿我们继续携手共进，向阳而行，共建徐州文化之美好，共铸中华文化之辉煌！

在此，我要感谢所有为本书撰写提供帮助的专家学者、图书馆工作人员以及广大读者。是你们的支持与鼓励，让我能够坚定信心、勇往直前。同时，我也要感谢东华大学出版社的编辑与工作人员，是你们的辛勤付出与精心打磨，让这本书得以顺利面世。

最后，我期待《跨界与协同：地方文化传承理论与实践》的出版能够引发更多人对地方文化传承的关注与思考。让我们携手并进，在跨界协同的广阔天地中，共同书写高校图书馆地方文化传承的新篇章！

郭楚

2024 年 11 月

# 参 考 文 献

[1] 邓子纲，高立龙，杨斌.湖南文化强省之路：基于协同创新、跨界融合与地方特色视角 [M]
　　北京：中国社会科学出版社，2018.

[2] 于勇，李新创.基于跨界融合视角的钢铁企业商业模式创新 [M] 北京：冶金工业出版社，2020.

[3] 谭志云，等.区域文化产业发展新论 [M] 北京：社会科学出版社.2014.

[4] 史红亮，陈凯.区域文化经济研究 [M] 北京：经济科学出版社，2015.

[5] 曲凯音.乡土文化变迁与文化生态建设——民族地区五村落实证调查 [M] 北京：人民出版社，
　　2017.

[6] 李山.社区文化治理的理论逻辑与行动路径 [M] 北京：高等教育出版社，2017.

[7] 谢晶仁.社区文化建设若干问题的理性透析 [M] 成都：电子科技大学出版社，2014.

[8] 刘蕤.互联网时代茶叶生态旅游企业管理模式创新 [J].福建茶叶，2024，46（2）：53-55.

[9] 阮进勇.县级融媒体如何适应多媒体融合发展的需求［N］.记者观察，2024-04-15.

[10] 缪学梅.职业教育集团多元协同框架研究［J］.教育与职业，2015（27）：18-21.

[11] 李华.基于网络的协同教研系统研究［J］.电化教育研究，2012（12）：50-57+68.

[12] 周赛君.师范教育共同体建设的价值内涵及实施路径［J］.现代教育管理，2023（4）：
　　77-86.

[13] 叶小青.城市化进程中文化的建构——以青岛近代工商文化为例的析微［J］.中共青岛市
　　委党校行政学院学报，2011（5）：114-119.

[14] 邓海威.浅析新媒体在民族文化传播中的作用［J］.新闻研究导刊，2016，7（12）：347.

[15] 王果.物质与精神的契合：马克思主义哲学文化对当代民族主义思潮的再形塑［J］.宁夏
　　师范学院学报，2024，45（9）：24-31.

[16] 黄勇峰.地域文化与监狱建筑［J］.中国司法，2010（9）：104-105.

[17] 聂文婷.担当是中国人的脊梁［N］.中国社会科学报，2015-07-01.

[18] 甄敬霞.传承弘扬中华优秀传统文化的思想精髓与实践路径［J］.实事求是，2023（2）：
　　47-57.

[19] 潘海燕.初中美术教学中传统文化的融入与实践［J］.求知导刊，2024（09）：131-133.

[20] 梁馨元."雁翎队"报道与传播研究（1943—2023）［D］.保定：河北大学，2024.

[21] 蒙菊花.基于SWOT分析法的大学生服务基层问题研究——以广西桂林、河池两地为例
　　［J］.产业与科技论坛，2016，15（01）：130-131.

[22] 黄坚.论图书馆员自我管理意识的复苏与觉醒［J］.职业时空（上半月版），2007（17）：
　　11.

[23] 孙鑫煜，王卫英.培育时代新人视域下高校党史育人创新探究［J］.中国人民警察大学学
　　报，2024，40（7）：20-26.

[24] 陆雪梅.高校图书馆数字资源立体多元协同服务机制研究 [J].图书馆工作与研究，2016，

（12）：45-49.

［25］李晓东. 用第二课堂优势修德育智［N］. 光明日报，2015-07-01.

［26］吴俊娜. 文化馆提升群众文化服务质量的有效路径［J］. 参花，2024（29）：134-136.

［27］陈正权. 跨界与协同：应用型高校学术共同体建设研究［D］. 重庆：西南大学，2020.

［28］张影，高长元，王京. 跨界创新联盟生态系统共生演化模型及实证研究［J］. 中国管理科学，2022，30（6）：200-212.

［29］段红玲. 智能包装与建筑可持续性的关系研究［J］. 上海包装，2024（2）：21-23.

［30］蒲海燕. 现代科技视域下中国传统文化的传承与创新［J］. 科学咨询（科技·管理），2024（4）：232-235.

［31］徐欢. 影视作品IP化运营的经济模式与市场策略分析［J］. 广东经济，2024（14）：56-58.

［32］霍国霞. 优化公共图书馆图书管理［J］. 文化产业，2023（35）：67-69.

［33］张艺凡，闫海军. 新媒体视域下高校弘扬中华优秀传统文化的路径探索［J］. 成才之路，2024（27）：33-36.

［34］黄梅. 基于SPOC的混合式教学效果及影响因素研究——以《以邮轮概论与实务》课程教学为例［J］. 青岛远洋船员职业学院学报，2018，39（1）：31-36.

［35］廖爱玲. 受众互动模式研究与实践探索［J］. 记者观察，2024（8）：83-85.

［36］蒋升凤，杨路勤. 苗族民族服饰数字化保护与传承研究［J］. 合作经济与科技，2024（22）：46-49.

［37］管俊岭，卓敏，马绵霞，等. 茶艺文化在新媒体时代的传播探讨［J］. 福建茶叶，2023，45（7）：188-190.

［38］陆衡，何为. 高校图书馆发挥场馆育人作用［J］. 文化产业，2024（9）：157-159.

［39］罗丹. 社区博物馆展示设计应用研究——以广州永庆坊片区为例［J］. 大众文艺，2024（11）：25-27.

［40］周帆扬. 乡村振兴背景下乡村文化传承与发展策略［J］. 农村经济与科技，2024，35（14）：198-201+215.

［41］张炳利. 教育大数据的分析与应用［C］//大连财经学院. 2024年教育技术与未来教育研讨会论文集. 北京：北京大学出版社，2024：4.

［42］张丽. 新泰市公共文化服务人才队伍建设研究［D］. 济南：中共山东省委党校，2024.

［43］郭琪，赵超，都平平，等. 高校图书馆家国情怀育人模式研究——以驻徐高校大学生传承普及徐州历史文化活动月品牌为例［J］. 图书情报工作，2023，67（23）：58-68.

［44］郭琪，李雨珂，许臣，等. 文旅融合背景下校地文化深度融合创新机制研究——以第九届驻徐高校大学生传承普及徐州历史文化活动为例［J］. 图书情报工作，2023，67（3）：39-48.

［45］史春艳. 文化自信视域下中华优秀传统文化融入幼儿教育的实践研究[J]. 文化创新比较研究，2024，8（17）：125-128.

［46］郭琪，都平平，李雨珂，等. 高校图书馆服务地方文化的实践与创新模式探析——以徐州高校图书馆服务本地文化为例［J］. 图书情报工作，2014，58（12）：84-89.

［47］中国矿业大学信息公开网．第三届驻徐高校大学生传承普及徐州历史文化活动月［EB/OL］．
（2015-04-21）［2024—09—22］．https://xxgk.cumt.edu.cn/49/2b/c1959a215339/page.htm.

［48］中国网．第四届驻徐高校大学生传承普及徐州历史文化活动月［EB/OL］．（2016-06-19）
［2024-09-22］．https://www.sohu.com/a/84319516_116897.

［49］中国矿业大学信息公开网．第五届驻徐高校大学生传承普及徐州历史文化活动月［EB/OL］．
（2017-07-25）［2024-09-22］．https://baijiahao.baidu.com/s?id=1597598698122060974.

［50］中国江苏网．第六届驻徐高校大学生传承普及徐州历史文化活动月［EB/OL］．（2018-04-
13）［2024-09-22］．https://www.js-skl.org.cn/city_county_window/9867.html.

［51］中国矿业大学新闻网．第七届驻徐高校大学生传承普及徐州历史文化活动月［EB/OL］．
（2020-01-19）［2024-09-22］．https://www.xzcit.edu.cn/_t89/2023/0214/c275a50074/page.htm.

［52］江苏社科．第八届"传承弘扬徐州历史文化 展示新时代大学生风采"暨"两汉文化进校园"活
动［EB/OL］．（2020-11-16）［2024-09-22］．https://www.js-skl.org.cn/city_county_window/9867.html.

［53］四川大学．馆藏资源概况[EB/OL].（2019-06-03）[2024-06-03]. https://scu.edu.cn/whzy/
gzzygk.htm.

［54］赵雷，张雅宁，马晓旭，等．高校人才培养体系中的图书馆发展——"2024年高校图书馆
发展论坛"综述[J].大学图书馆学报，2024，42（4）：122-128.

［55］李鹏，夏令．跨界融合，特色发展：成都纺织高等专科学校图书馆的创新之路[EB/OL].
（2024-06-24)[2024-08-11]. https://www.cdtc.edu.cn/info/1036/37955.htm.

［56］莒南县文化和旅游局．创新赋能，跨界融合，不断拓展文化公共服务空间[EB/OL].（2022-
05-03）[2024-08-16]. http://www.junan.gov.cn/info/3103/120894.htm.

［57］南方都市报．跨地域非遗联动，"抟土绕潮音"闭幕式展现文化交流新探索[EB/OL].（2024-
10-31）[2024-08-12]. http://news.sohu.com/a/821649274_121124748.

［58］刘梦佳．文旅融合视域下高校图书馆的文化使命和担当[EB/OL].（2024-07-19)[2024-08-12].
http://www.bingtuannet.com/btllw/llw_ws/202407/t20240719_192554.html.

［59］陈登科．高校图书馆如何传承中华优秀传统文化[N].中国文化报，2024-08-17（003）.

［60］广东省现代文化产业发展中心．什么是地方历史文化[EB/OL].（2020-11-25）[2024-01-20].
https://www.sohu.com/a/434332198_100020266.

［61］江苏徐州．"传统"融合"新潮"出圈激发文化传承"新活力"[EB/OL].（2024-06-11）[2024-
12-19].https://wap.yzwb.net/wap/news/3817576.html.

［62］光明网．让优秀传统文化如活水汩汩流——以徐州推进汉文化传承发展为例[EB/OL].（2023-
10-01）[2024-12-19].http://scdfz.sc.gov.cn/whzh/whpl/content_126944.